新时代
经济热点问题研究

国家发展和改革委员会经济研究所 著

人民出版社

序　言

中国特色社会主义进入新时代，开启了我国建设现代化经济体系新征程，在推动经济高质量发展过程中存在众多的现实问题亟待研究和解决。本书是在我所基本科研业务专项资金课题优秀研究成果基础上编辑而成的，主要围绕新时代中国经济发展战略、国际形势、宏观政策中的重点、难点和热点问题进行研究。共10篇报告入选，分为"创新与产业"、"区域与国际"、"趋势与政策"三篇。

第一篇是"创新与产业"。主要围绕数字经济发展、军民融合创新体系、企业技术创新的政策等问题开展研究，重点论述了数字经济的本质内涵、特征、运行机制、发展趋势和对经济增长贡献，分析了军民一体化创新中存在的主要问题和税收政策对促进企业技术创新的作用，提出了构建军民一体化创新体系的总体思路，以及鼓励企业技术创新的税收政策体系。

第二篇是"区域与国际"。主要围绕京津冀协同发展、国际税收政策动态变化等问题开展研究，重点分析了京津冀与世界级城市群存在的主要差距和原因，并预测京津冀城市群实现建成世界级城市群的时间目标，提出了我国应对国际税收竞争新形势具体政策措施。

第三篇是"趋势与政策"。主要围绕我国经济增长中长期趋势、经济运行发展中消费率变化、重点领域风险防范和货币政策安排等问题开展研究，重点分析了新一轮科技革命和产业变革对我国经济增长和产业结构转型升级的影响，我国消费率变化趋势及其主要影响因素，货币政策和宏观审慎政策调控框架存在的问题，如何协调好金融与实体的关系，提出了提高消费率的相关政策举措，完善"双支柱"调控的政策建议，建立完善金融去杠杆的长效市场机制。

国家发展和改革委员会经济研究所作为宏观经济研究院唯一的综合性研究所和国家高端智库试点的成员单位之一，肩负研究国民经济发展战略、体制改革、宏观调控理论与政策等重大使命。本书选题都是针对新时代中国经济中长期发展趋势和政策取向进行的，研究分析也是从多层次、多角度和多方法论证开展的，以求更好地服务于国家发展改革委，为中央和国家宏观经济决策提供智力支撑。

鉴于本书作者均为我所40岁以下的青年科研人员，他们思想活跃、努力钻研，但可能实践经验不足，对国情了解不深，加之时间仓促，所著成果难免存在这样那样的缺点或错误之处，敬请读者批评指正！

国家发展和改革委员会经济研究所

2019 年 12 月

目　录

创新与产业篇

区域与国际篇

趋势与政策篇

创新与产业篇

第一章　数字经济发展趋势与政策建议

——基于本质内涵、运行机制与增长贡献的探讨

本章以数字经济发展趋势为核心，通过对本质内涵、运行机制和增长贡献的探讨，提出数字经济具有"数据""关键要素"和"经济形态"三大核心特征，呈现生产要素形式与内涵发生变化、市场组织结构更趋扁平灵活和通过放大叠加倍增驱动经济增长三大运行特点。模型推导和实证检验表明，未来数字经济将呈现保持超常规速度增长、催生高质量数字生态、释放更大规模工业数字红利、助推全球化发展四大趋势。在测度方面提出应通过识别数字化企业的方式完善数字经济增长贡献的微观分析框架。未来仍需从夯实增长物质基础、构筑数字智慧生态、释放工业数字红利和助推深度融合开放四方面发力。

本文以数字经济发展趋势为核心，按照"理论—实证—政策"的分析路径，围绕趋势的判断依据、具体内容、经济意义以及如何利用展开（见图1-1）。与已有研究相比，本文在提炼数字经济本质特征方面做出新概括，在分析数字经济机理和态势方面给出新判断，在测度数字经济规模方面提出新思路。不仅有利于澄清对数字经济的误解，还有利于从理论上解构和把握数字经济运行机制及其增长效应，为因势利导抢抓数字红利以推动经济体系现代化和实现

高质量发展创造条件。

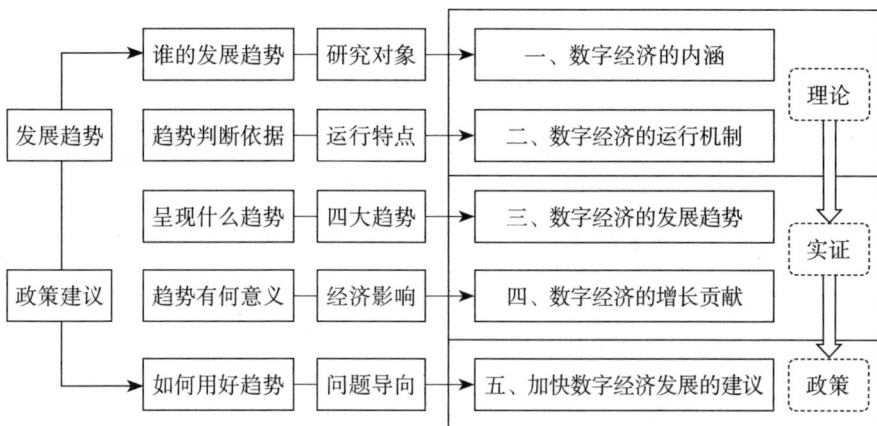

图 1-1　全文逻辑结构

一、数字经济的基本内涵

在 20 世纪 90 年代泰普斯科特（Tapscott）正式提出数字经济概念之前，马克卢普（Machlup，1962）、贝尔（Bell，1973）、波拉特（Porat，1977）等就注意到新兴经济与传统工业经济的巨大差别。数字经济的内涵演变与其发展历程密切相关，总体上呈现从狭义向广义、从个别产业向经济形态演变的趋势（见图 1-2）。本章认为，数字经济是数据成为关键生产要素的经济形态。其中，"数据""关键要素"和"经济形态"是三个必不可少的核心特征。

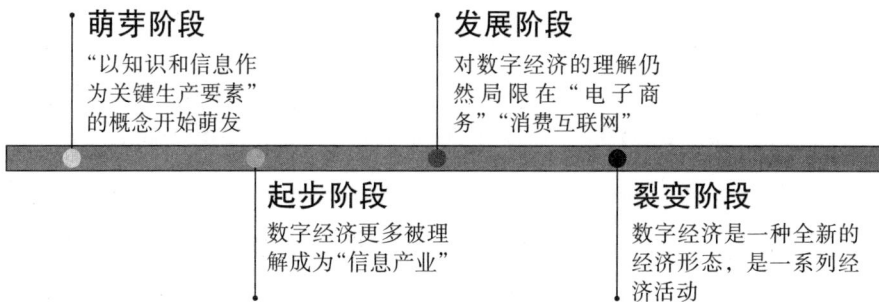

图 1-2　数字经济内涵的不断扩大

（一）"数据"指的是信息技术产生的数字化数据

数据是事实或观察的结果，是用于表示客观事物的未经加工的原始素材。它可以是连续的值，比如声音、图像等模拟数据，也可以是离散的，如符号、文字等数字数据。数字化数据是指用模数转换器将任何连续变化的输入转化为一串分离的单元，在计算机中用0和1表示。历史发展表明，显著且持续的经济增长往往是以一系列通用目的技术在许多部门广泛且深入的使用为特征（见图1-3）。通过数字化数据可以进行深度学习从而使技术从扩展人的力量到延展人的智力（德龙，2000），这与农业经济和工业经济时代有本质区别。

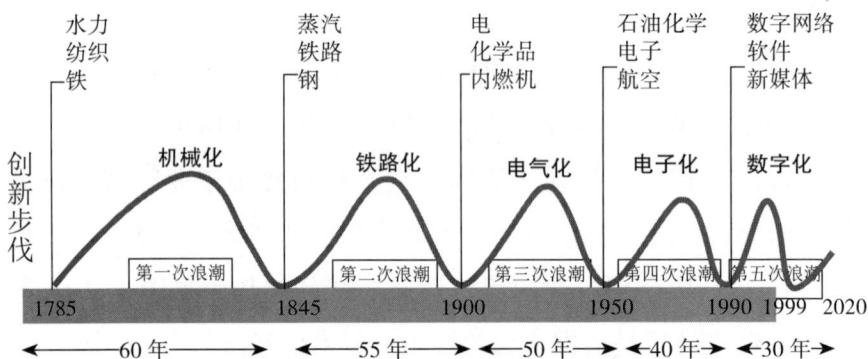

图 1-3　数字化是数字经济最本质的技术特征

（二）"关键生产要素"表明数字经济具有门限特征

数字经济时代"数据"不仅成为生产要素，还需要跨过"阈值"门限成为关键生产要素。现实中表现为信息网络技术广泛应用，大量产品和服务数字化，数据驱动成为企业重要发展方式，生产生活经数字化实现高度互联和智能。门限特征不仅说明数据的要素地位从量变到质变，还表明数字经济发展具有阶段性，从农业经济工业经济过渡到数字经济以及数字经济内部不断升级将是一个动态过程（见图 1-4）。例如，可根据发展水平将数字经济大致划分为三个阶段。其中，数字化仍是初级阶段，此时数据只是因为数字化技术而大量产生，但未与其他技术和劳动力充分结合；网络化是中级阶段，此时数据开始与技术和劳动力结合，但由于处理能力有限无法完全获得数字化技术带来的红利；智能化是高级阶段，此时由于处理能力大幅提升，数据与技术和劳动力结合深度融合后能充分释放数字化技术带来的全部红利。

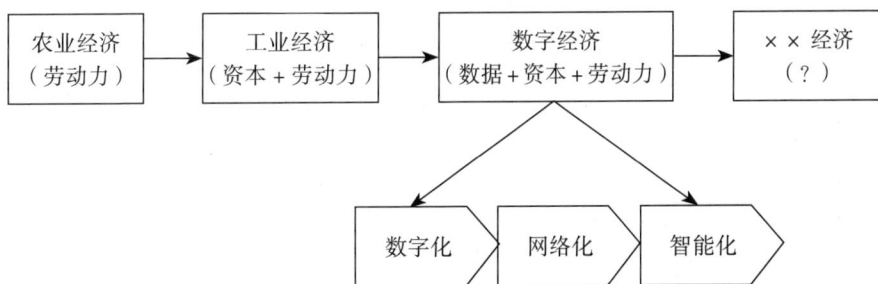

图 1-4　经济形态的升级演化

（三）"经济形态"表明数字经济不是若干产业之和

经济形态是对代表当前最先进生产力的生产活动的抽象描述。每种经济形态都包括自己独特的通用目的技术、生产要素、生产模式、主导产业、基本结构和基本观念等。数字经济具有独特通用目的技术——数字技术、生产要素——数据、生产模式——数字化生产、主导产业——信息产业，基本结构——平台化生态化、基本观念——开放共享等。因此，不能将数字经济局限于 ICT 或 TMT 等若干个产业，数字经济还包括其他产业数字化转型的部分，数字经济的核心是 IT 作为通用目的技术促进经济社会发展（见表 1-1）。当整个经济社会的数字化转型完成时，数字经济就是整个宏观经济，数字经济的增加值就与 GDP 完全相等，此时数字经济也就应该被更高级的概念所取代。

表 1-1　通用目的技术对英美经济增长的贡献度

通用目的技术（国家）	时期	资本深化	生产方面技术进步	应用方面技术进步	总计
蒸汽机（英国）	1780—1860	0.19	—	0.32	0.51
铁路（英国）	1840—1870	0.13	0.10	—	0.23
	1870—1890	0.14	0.09	—	0.23
铁路（美国）	1839—1870	0.12	0.09	—	0.21
	1870—1890	0.32	0.24	—	0.56
电力（美国）	1899—1919	0.34	0.07	—	0.41
	1919—1929	0.23	0.05	0.70	0.98
IT（美国）	1974—1990	0.52	0.17	—	0.69
	1991—1995	0.55	0.24	—	0.79
	1996—2000	1.36	0.50	—	1.86

注：单位为"个百分点 / 年"。

数据来源：Crafts N.（2003、2004）和秦海（2010）。

专栏　　　　　　　　数字经济相关概念辨析

　　与数字经济相关的概念包括数据经济、知识经济、信息经济、网络经济、信息社会、智慧经济等。这些概念有相似之处，在政策文件中往往通用或等价。但在较为严格的学术文献中，它们之间仍然存在着一定的区别。例如，OECD 认为知识经济的概念更广并包含信息经济；刘丹（2005）认为，信息经济包含网络经济，网络经济是信息经济的一个层面式表象；周宏仁（2017）认为，信息经济包括数字化的信息经济和非数字化的信息经济（如报纸、图书出版、图书馆等），数字化的信息经济就是数字经济，网络化的数字经济就是网络经济。当前，越来越多的研究倾向认为，尽管侧重点略有不同，但许多相关概念往往是相辅相成、一脉相传，在本质上都有共通之处，统一到数字经济表述上，有利于符合国际社会的共识、符合定义的历史沿革、符合技术经济演进的趋势（何枭吟，2005、2011；李国杰，2016；鲁春丛，2017；中国信息通信研究院，2015、2016、2017、2018）。

资料来源：根据相关文献整理。

二、数字经济的运行特征

目前，对数字经济的规律特征分析十分不够，尤其对是否需要新的经济学来解释数字经济，学界仍然莫衷一是。例如，夏皮罗和范里安（Shapiro 和 Varian，1999）认为根本不需要一个全新的经济学[①]。但也有观点认为，数字经济给传统理论带来挑战，例如，服务业生产率低的判断难以成立、市场的价格形成机制发生变化、高度互联社会中人们理性发生变化等（江小涓，2017）；基于互联网可能产生"去央行化"的私人货币从而走出货币被消灭的道路，因此互联网时代的全部经济学都应当重写（李扬，2016）。还有研究认为，当前更迫切的任务是基于现有的经济学分析框架着重讨论数字经济的独特运行特征，例如数字经济对要素内容、市场结构和资源配置方式的改变（杨新铭，2017）。

（一）生产要素类别形式内涵发生变化

要素是经济运行的基础，数字经济的生产要素在类别、形式和内涵上都发生了重大变化。

一是数据作为关键要素其重要性越来越突出。虽然数据在信息技术广泛应用之前早已存在，但由于缺乏数字化手段，收集和挖掘

---

① 他们认为，技术会改变但经济规则不会变，市场在变但背后的逻辑不变，信息价格取决于自身价值而非成本，网络效应会引发需求方规模经济和正反馈，因此，"你只需要见识一些真正出色的东西，一些你在学习经济学时没有学到的知识"。

都受到了大量约束。大数据和云计算的融合加上传感器成本的大幅降低，诱发万物互联导致数据量爆发式增长，庞大的数据量及其处理和应用需求使数据驱动型创新正在向经济社会各个领域扩展。二是"云网端"等数字基础设施成为重要设施。在工业经济时代，经济活动架构在以铁路、公路和机场为代表的物理基础设施之上。数字技术广泛应用后，云计算、网络和端口成为必要的信息基础设施。数字基础设施既包括了信息基础设施，也包括了对物理基础设施的数字化改造。三是数字技能成为人力资本中的重要内容。与电力、汽车、铁路等其他通用目的技术不同，数字技术在赋予人们体力上扩展的同时，还延展了人的智力。联合国甚至将数字素养看作是数字时代的基本人权，是与听、说、读、写同等重要的基本能力。

（二）市场组织结构更趋扁平灵活开放

由于数字经济会导致价值的创造方式、实现形式和来源渠道等发生重大变化，因此会导致市场组织结构发生相应变化（见表1-2）。

一是网络效应和正反馈效应将促使产业组织更加平台化和生态化。与工业经济主要由规模经济驱动和成熟工业寡头企业主要遇到负反馈效应不同，数字经济条件下网络效应及"强者更强、弱者更弱"的正反馈将成为主导力量①。为此，企业将积极利用平台化策略，形成团队型组织、虚拟型组织、战略联盟。二是信息对称、产品定价以及兼容特性促使竞争和垄断出现新特征。数字经济能通过去中介化减少信息不对称现象以促进竞争，但也允许企业采取更为精准

---

① 图1-5a显示对于网络经济而言，其稳态往往不是一个中间点，市场中的强弱会持续分化（图1-5b）。

的价格歧视并利用兼容特性制定标准规则并发起标准战争以攫取更多的消费者剩余，边际成本接近于0也使得垄断可能出现新特征。三是服务成为重要的价值来源将推动产业结构更趋"软化""轻化"。数字经济将使得产业发展模式由过去的刚性结构逐步向柔性结构转化。凭借具有智能记忆功能的芯片被大量廉价的制造和使用，产业提供的消费品中内容消费所占的比例将大幅上升。

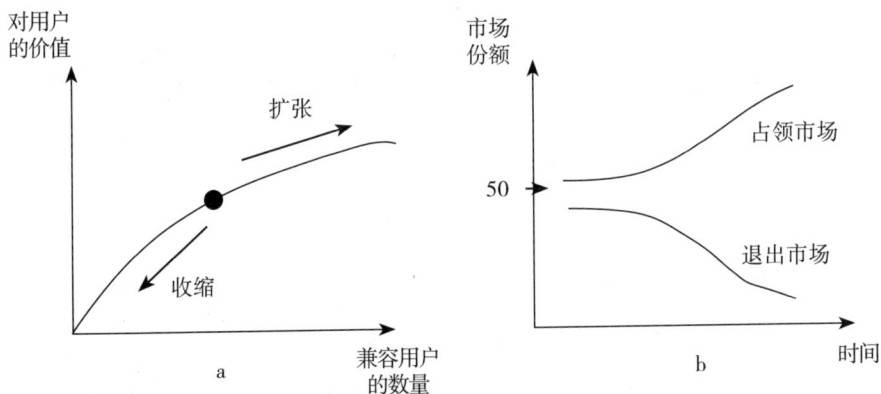

图1-5　网络效应与正反馈效应促进市场分化

资料来源：夏皮罗和范里安（1999）。

表1-2　传统工业经济与数字经济形态下市场组织结构对比

维度	传统工业经济	数字经济
基本形态	链式经济	平台经济
价值分布	微笑曲线（中间与两端）	网络效应（指数级增长）
价值形态	价值链	价值网（协作经济、共同体经济）
价值来源	规模经济为主、范围经济为辅	规模经济、范围经济和网络外部经济
产业关联	一体化（横向与纵向）	产业生态圈
产业边界	相对清楚	相对模糊
产业结构	硬化（生产重、厚、长、大的重型化的"硬"产品）	软化（高效、智能化知识和信息服务活动为主的软件化经济结构）
垄断形态	高集中度，垄断价格	高集中度，但并非垄断价格

维度	传统工业经济	数字经济
边际成本	显著高于 0	大幅降低（部分领域可能接近 0）
成长动力	侧重内部管理协调	侧重自组织和网络
市场主导	卖方势力较强	买方势力较强
企业形态	U 型、M 型、H 型等	更加去中心化、扁平化、网络化
生产方式	流程化，相对集中	智能化，相对分散
营销策略	广告	免费
收入结构	制造为主（实物消费）	制造＋服务（内容消费），服务为主

资料来源：参考已有文献整理。

（三）通过放大叠加倍增驱动经济增长

从生产函数的分析框架来看，数字经济驱动经济增长的新机制包含三个方面。一是提高要素资源的使用效率，即"放大"作用。数字化大幅降低搜寻与处理成本，放松了要素进入生产的时间与空间约束，从而提高了既有资源与要素的配置效率。例如，分享经济模式使资本存量利用效率大大提高；数字经济下家庭办公、非正规就业都"放大"了劳动力的供给与时间投入。二是非物质化突破增长极限，即"叠加"作用。数字经济条件下，生产的投入品越来越具有非物质化特征，由于知识更新加速且不易饱和，其边际收益往往存在递增现象。知识资产还与实物资产发生了良性互动，间接提升了实物资本存量。三是有效提升全要素生产率，即"倍增"作用。数字技术可以利用文件、符号等信号支持系统来优化运营流程，实现组织柔性和流程再造和降低交易成本，大幅改善要素配置和优化制度供给。

（四）不同阶段下数字经济的模型分析

本节基于理论模型分析工业经济迈向数字经济和数字经济不断

成熟给经济发展水平和增速带来的变化，为了讨论上的方便做出如下三个基本假设：一是假定工业经济中仅存在传统投资，而数字经济中存在传统投资和数字化投资两种投资，分别形成传统资本和数字资本。二是数字经济发展包括三个递进阶段（见图2-4）。三是模型中所有总量生产函数均为一次齐次且满足稻田条件。大写字母表示整个经济体的总量，小写字母表示劳动者的平均数量，劳动力与人口数量相同。为了简化分析以更好地聚焦数字资本，假定劳动力和技术以固定的外生速率增长[①]。

1. 基准模型——工业经济

以传统的索洛模型为基准代表工业经济时代，假定生产函数和资本增长路径分别为：

$$Y = F(K, NA) \tag{1}$$

$$\dot{K} = \tau_K Y - \delta_K K, \ K(0) > 0 \tag{2}$$

其中，Y 为总产出，K 为传统资本，N 为劳动力数量，A 为技术水平。$\tau_K \in (0,1)$ 为传统投资率，$\delta_K > 0$ 为传统投资折旧率。再令劳动力和技术以固定的外生速率增长，

$$\dot{N}/N = v \geqslant 0, \ N(0) > 0 \tag{3}$$

$$\dot{A}/A = \varepsilon \geqslant 0, \ A(0) > 0 \tag{4}$$

并定义单位产出和单位有效产出分别为，

$$y = Y/N, \ k = K/N \tag{5}$$

$$\tilde{y} = Y/AN, \ \tilde{k} = K/AN \tag{6}$$

将式（1）两边同除以 AN，

$$\tilde{y} = F(\tilde{k}, 1) = f(\tilde{k}) \tag{7}$$

---

① 放松该假定可以实现对"倍增"的考察并强化最终结论。

将式（3）至式（6）代入式（2）可得

$$\dot{\tilde{k}}\big/_{\tilde{k}} = \tau_K f(\tilde{k})\tilde{k}^{-1} - (v + \varepsilon) - \delta_K, \ \tilde{k}(0) > 0 \qquad （8）$$

只要对函数 f 施加标准的假设，那么式（8）说明 $\tilde{k}$ 是从初始值 $\tilde{k}(0)$ 最终收敛到方程 $\dot{\tilde{k}}\big/_{\tilde{k}} = 0$ 的唯一解。此时有：

【命题 1】在工业经济平衡增长的稳定状态中，单位有效劳动者产出收敛到唯一点，人均收入的增长速度和技术的增长速度相等。

2. 扩展模型一：数字经济之数字化阶段

数字经济发展包括三个递进阶段，第一阶段是数据单独作为一种关键生产要素，在模型中表现为不与其他要素融合，人均数字资本是无界的。这种情况对应数字经济发展的数字化阶段，即数据只是因为数字化技术而大量产生，但未与技术和劳动力充分结合。

参考 Mankiw et al.（1992）的模型，可以将式（1）设置成新形式：

$$Y = F(K, D, NA) \qquad （9）$$

其中，D 为数字资本存量，类似于传统资本的积累方程（2）有：

$$\dot{D} = \tau_D Y - \delta_D D, \ D(0) > 0 \qquad （10）$$

其中，$\tau_D + \tau_K \in (0, 1)$，$\tau_D$ 为数字投资率，$\delta_D > 0$ 为数字投资折旧率。由于总收入中有固定比例（数字投资率）投入数字化，（10）说明 D 的增长没有上界，人均数字资本存量 d 将发散至无穷。

式（9）两边同时除以 NA，求得资本的增长路径，有

$$\tilde{y} = F(\tilde{k}, \tilde{d}, 1) = f(\tilde{k}, \tilde{d}) \qquad （11）$$

$$\dot{\tilde{k}}\big/_{\tilde{k}} = \tau_K f(\tilde{k})\tilde{k}^{-1} - (v + \varepsilon) - \delta_K \qquad （12）$$

$$\dot{\tilde{d}}\big/{\tilde{d}} = \tau_D f(\tilde{d})\tilde{d}^{-1} - (v + \varepsilon) - \delta_D \qquad (13)$$

在稳态下，会有$(\tilde{k}, \tilde{h})$满足

$$\tau_K f(\tilde{k})\tilde{k}^{-1} = (v + \varepsilon) + \delta_K \qquad (14)$$

$$\tau_D f(\tilde{d})\tilde{d}^{-1} = (v + \varepsilon) + \delta_D \qquad (15)$$

由于总量函数是一次齐次的，因此（14）与（15）的雅克比矩阵是满秩的，因而$(\tilde{k}, \tilde{h})$是存在的唯一解。此时有：

【命题2】在数字经济数字化阶段平衡增长的稳定状态中，当满足一定条件时，数字经济的产出水平会高于工业经济，但单位有效劳动者产出收敛到唯一点，人均收入的增长速度和技术的增长速度相等。

3. 扩展模型二：数字经济之网络化阶段

第二阶段数据作为关键生产要素与其他要素融合，人均数字资本是有界的。这种情况对应数字经济发展的网络化阶段，即数据开始与技术和劳动力结合，但由于处理能力有限无法完全获得数字化技术带来的红利。将式（9）设置为如下形式：

$$Y = F(K, DNA) \qquad (16)$$

这种假设表明数字资本可以增加劳动力。但与扩展模型一不同的是，由于处理能力有限无法完全获得数字化技术带来的红利，此处的人均数字资本是有界的。为此假定人均数字资本形式为：

$$d(s) = d_0 e^{\lambda s} \qquad (17)$$

其中，$s \in (0, 1)$为努力程度，λ可以认为是劳动力用好数字资本的能力。这个假设表示即便最大程度努力，单位劳动者的数字资本也只能达到$d_0 e^{\lambda}$。

假设劳动者选择最优的努力程度$\bar{s} \in (0, 1)$，那么相应的人均数字资本为：

$$\overline{d} = d_0 e^{\lambda \overline{s}} \in (d_0, d_0 e^{\lambda}) \qquad （18）$$

此时 d 不再有类似式（15）的增长路径，只有 k 涉及：

$$\dot{\tilde{k}}\big/ \tilde{k} = \tau_K f(\tilde{k}, \overline{d}) \tilde{k}^{-1} - (v + \varepsilon) - \delta_K \qquad （19）$$

式（19）与式（12）相比仅增加了最优人均数字资本存量$\overline{d}$。因此必然有$\tilde{k}$是从初始值$\tilde{k}(0)$最终收敛到方程$\tau_K f(\tilde{k}, \overline{d}) \tilde{k}^{-1} = (v + \varepsilon) + \delta_K$的唯一解。更重要的是，在满足基本假设的前提下，稳态的$\tilde{k}$将随着$\overline{d}$的增加而增加，因而也将随着$\overline{s}$的增加而增加。此时有：

【命题3】在数字经济网络化阶段平衡增长的稳定状态中，当满足一定条件时，数字经济网络化阶段的人均产出水平将高于数字化阶段，但整个经济的增长速度和技术的增长速度相等。

4. 扩展模型三：数字经济之智能化阶段

第三阶段数据作为关键生产要素与其他要素融合，但人均数字资本是无界的。这种情况对应数字经济发展的智能化阶段，即数据开始与技术和劳动力结合，由于处理能力大幅提升，数据与技术和劳动力结合深度融合后能充分释放数字化技术带来的全部红利。

由于第三阶段在实现深度融合可以获取数字化技术带来的全部红利，因此人均资本将不再满足式（17）。因此需要讨论物质资本和数字资本的最优积累过程[①]。为此，我们改变式（16）的生产函数形式，参考雷布洛（Reblo，1991）并略作扩展有：

$$F(K, DA) = \Phi(s_K K, s_D DA) + q\Psi((1 - s_K)K, (1 - s_D)DA) \qquad （20）$$

$$C + I_K \leqslant \Phi(s_K K, s_D DA) \qquad （21）$$

$$I_D \leqslant \Psi((1 - s_K)K, (1 - s_D)DA) \qquad （22）$$

$$F(K, DA) = C + I_K + q I_D \qquad （23）$$

---

① 为了体现一般性，此处将不再简单使用式（10）的结论，而是进行较为规范的推导。

其中，$\Phi(s_K K, s_D DA)$ 和 $\Psi((1-s_K)K, (1-s_D)DA)$ 分别代表传统商品和数字商品生产，两个函数均为一次齐次。消费和传统商品的价格系数标准化为 1，但消费与数字商品的价格系数为 q，这里的价格可以认为是数字技能方面的人力资本投资的代价。式（23）代表两部门下的国民收入方程。

社会经济的计划者目标是社会福利最大化。参考拉姆齐模型引入消费者效用，社会福利函数和消费者效用函数可分别表示为：

$$\int_0^\infty e^{-\rho t} N(t) U(c(t)) dt = N(0) \int_0^\infty e^{-(\rho-v)t} U(c(t)) dt \qquad (23)$$

$$U(c(t)) = \frac{c(t)^{1-\theta}-1}{1-\theta} \qquad (24)$$

其中，c 为人均消费，$\rho > 0$ 为消费者效用的折现率。$\theta > 0$ 为相对风险规避系数，为了简化可以假定其为不等于 1 的常数。求解最优规划，可以得到如下命题：

【命题 4】在数字经济智能化阶段平衡增长的稳定状态中，当满足一定条件时，数字经济网络化阶段的人均产出水平将高于网络化阶段，且整个经济的稳态增速将高于技术的增长速度。

模型分析结果表明：与仅存在传统投资的工业经济相比，数字经济可以实现更高的发展水平，但在数字经济处于数字化和网络化阶段时，经济仍将收敛于工业经济增速。只有在数字经济处于智能化阶段时，数字经济才会在稳态中具有更高的增长率。

三、数字经济的四大发展趋势

基于数字经济的上述运行特征，结合当前数字经济的发展态势，可以从发展速度、数字生态、数字红利和全球化等方面描绘数字经济发展的若干趋势。

（一）数字经济保持超常规速度发展

作为参照，可以将这个常规速度看作 GDP 增速。模型分析显示，随着数字经济不断成熟，整个经济的稳态收敛速度也将提高。除此之外，数字经济还具有保持超常规速度的三个内在原因。

第一，数字化更容易实现规模经济和范围经济。由于数字经济高度依赖于平台经济，加上处于不同节点的个体因为高度互联，因此平台效应与网络效应相互叠加，导致数字转型更容易带来范围经济和规模经济[①]。第二，数字化技术创新呈现指数级增长趋势。得益于数字化水平和计算能力的快速提高，运算能力呈现指数级增长，数字化创新提高了信息捕获深度、数据传输速度和制造灵活程度，正在引发人类生产生活方式的深刻变化。第三，相关领域数字化转型正加速实现。近期发展趋势表明，全球数字投资占 GDP 的实际比重超过了预期比重（见图 1-6），许多传统意义上被认为是数字化转型的领域正在以超预期的增速增加 ICT 方面的投资。尽管各种测度方法下对数字经济规模并未形成统一意见，但几乎所有结论都表明数字经济增速明显快于 GDP。例如，信息化百人会的研究显示，2016 年我国数字经济增速高达 18.9%，而同期我国 GDP 增速仅为 6.7%。美国、日本和英国的数字经济增速分别为 6.1%、17.0% 和 11.5%，而三国同期 GDP 增速仅为 1.6%、1.0% 和 1.8%。牛津经济研究院的测算表明，过去 15 年，全球数字经济的增速是 GDP 增速的 2.5 倍。

[①] 一个案例是西门子公司。作为德国工业 4.0 的主要发起方和实践者，西门子没有过分强调制造业的智能化，而是致力于优先实现工业生产数字化，通过"数字双胞胎"的模式打造数字工厂，并建设了工业数据云平台 Mindsphere。与此同时，西门子不仅将工业生产数字化，还同时将交通管理、能源管理、智慧楼宇乃至智慧城市的建设完全数字化，成了涵盖了工业服务、生产服务以及生活服务的供应商，产业链依托数字化转型进行了延伸，并提高了产品的附加价值。

数字投资占 GDP 的百分比（%）

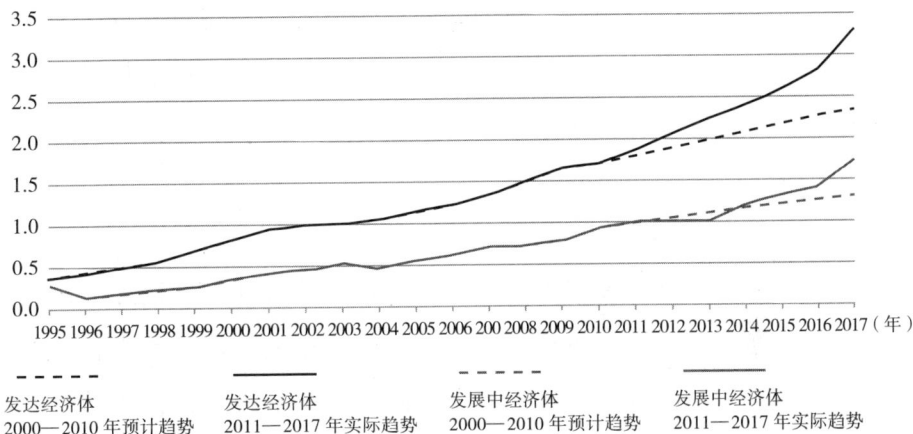

图 1-6　数字投资明显加速

资料来源：华为、牛津经济研究院报告《数字溢出》。

（二）万物互联催生高质量数字生态

数字经济区别工业经济的一个重要特征是数字经济更加强调连接性和生态性。随着数字经济从万物感知、万物互联走向万物智能以及 5G 的广泛应用，以智能化基础设施、高速可靠的连接和计算、分布式点对点交互方式为主要特征的高质量数字生态将加速形成。

第一，基础设施将从数字化走向智能化。基础设施的数字化既包括信息基础设施，也包括对物理基础设施的数字化改造。随着互操作性强的物联网平台成为新的基础设施，整个制造业和社会治理都将依托更为智能的基础设施实现流程优化。第二，互联网连接和计算将更加高速和可靠。工业互联网所需要的大容量（或高通量）、高精度、低延时不仅对网络提出了要求，还对计算本身提出了要求。低成本、高扩展性和快速部署的云计算有助于推动创新，同时辅助于边缘计算，可以大幅降低成本，缩短计算的延时，提高计算力的可扩展性。第三，分布式点对点交互方式可能成为一种重要的交互方式。未来的互联网未必是去中心化的，但极有可能是分布式的，从而形成一个所有人都可以参与且单独个体很难发挥决定性影响的网络架构。一个较为典型的例子是区块链作为底层技术在物联网、供应链管理、法律存证、信用监管以及公共服务方面具有广阔的应用前景。

（三）工业数字化将释放更大数字红利

当前，全球的数字化红利主要体现在消费和公共治理上，制造企业的数字化仍停留在碎片化和散点式应用的阶段。埃森哲的调研表明，只有4%的中国制造企业能将数字技术领域的投入转化为业务成果，成为行业领先的数字领军者。考虑到工业的庞大体量和重资产属性，工业数字化将极有可能释放出较目前消费互联网规模更大的数字红利。

工业数字化有望基于两方面催生数字红利。一是工业互联网能大幅改善资产性能并提高运行效率。工业互联网以崭新的方法将显示中的机器、设备和团队和网络通过无线传感器、控制器和软件应用联系起来，可以使用大量先进算法完成实时连接，以支持更为智能的设计、操作、维护和高质量的服务与安全保障。有测算认为，在商用航空领域，每节省1%的燃料意味着将来15年能节省300亿美元；若全球燃气电厂运作效率提升1%，将节省660亿美元能耗支出。因此，工业互联网将可能因为能大幅改善资产性能和提高运行效率而创造出大量经济增加值。二是数字化技术在工业领域的联合使用。埃森哲研究了10项数字技术在汽车、化工、消费品与服务、电子与高科技、能源、生命科学和公用事业等行业的应用，通过经济模型分析确认了各种技术能帮助企业降低单位成本、大幅提升市值。例如，将机器人、人工智能、区块链、大数据和3D打印技术加以联合，按人均成本计算，工业设备企业可以额外减少成本达 4.3 万美元以上。而联合虚拟现实、大数据和人工智能等技术，能源企业的市值将提升超过 160 亿美元。

（四）数字经济成为助推全球化新平台

由于种种原因，经济全球化红利缺乏普惠性，导致近年来逆全球化思潮和贸易保护主义明显抬头。数字经济本身就是全球经济，能够扩大贸易空间，提高资本利用效率，在促进市场竞争的同时催生创新。

贸易数字化是数字经济推动全球化的主要途径之一。一方面，它可以消除信息不对称、提升贸易本身的价值。相较传统跨境贸易，新的数字贸易将可以大幅度降低各环节交易过程的复杂性，并大幅提升采购商、工厂与贸易公司的议价能力，将产品从生产到消费过程中最有价值的部分留给贸易双方。更重要的是，随着关、检、税、汇等监管部门政策下放，为从生产商到海外终端客户，形成了端到端的商务、仓储、物流、金融、信保等配套服务，为资源缺乏的中小企业提供了管理、研发和融资等企业级服务，促进了跨境贸易结构化升级。另一方面，数字经济有利于推动贸易自由化。数字贸易本身要求数据端口的兼容和标准的统一，有利于降低贸易壁垒，推动贸易规则更趋透明和公平。全球资讯公司 Frost & Sullivan Analysis 的测算表明，数字化贸易市场跨境出口贸易额可能从 2015 年的 2.37 亿美元增加到 2021 年的 27.15 亿美元，年均增幅高达 50% 左右。

四、我国数字经济的增长贡献

数字经济的增长贡献是识别数字经济发展水平的重要指标。目前我国已有研究大体遵循五种思路：一是"数字产业化 + 产业数字化"加总；二是多维度度量数字经济指数并将其与 GDP 回归；三是通过投入产出表进行计算部分行业的数字化投入水平；四是借用国民收入账户和支出法测算；五是考察技术投资对企业内部渠道的价值创造以及水平和垂直行业领域的技术溢出。由于分析框架和假设不同，结果往往不可比或相差较大。

表 1-3　部分机构数字经济测算结果对比

	2016 年增加值	占 GDP 比重			
		中国	美国	英国	日本
信息化百人会	22.4 万亿	30.1%	59.2%	54.5%	45.9%
腾讯研究院	22.8 万亿	30.6%	——	——	——
波士顿咨询	——	6.9%	5.4%	12.4%	5.6%
艾瑞咨询	1.1 万亿	1.7%			
牛津研究院	1.5 万亿	——	——	——	——
信通院	3.4 万亿美元	30.3%	58.3%	——	——

资料来源：根据有关报告整理。

（一）基于行业数据的数字经济增长贡献测度

本章探索基于有限数据，从行业视角测度数字经济的增长贡献。首先，以 GDP 核算的部门法为基础，对与信息通信技术（ICT）有着直接关联的产业部门增加值进行核算和加总，进而测算 ICT 相关产业对经济增长的贡献度。其次，测度由信息技术通用性、渗透性特征带来对经济增长整体推动而产生的贡献。测算表明，2007—2013 年间，电子信息产业增加值对 GDP 增长的贡献率大致为5.3%。同期，TFP 对经济增长的贡献率为 24.98%，其中 IT 生产业、IT 应用业和非 IT 业的 TFP 增长对经济增长的贡献率分别为 6.29%、8.92%、9.77%[①]。IT 应用业的 TFP 增长很大程度来自信息技术的渗

---

① 此处参考使用了王宏伟（2010）和蔡跃洲（2017）的研究结论。

透，因此，可以认为信息技术渗透性特征带来的增长贡献大致以IT 应用业 TFP 增长贡献率为基础，加上非 IT 业也包含小部分渗透因素，估计其对增长的贡献率在 10% 左右。综合上述两方面推算，当前信息要素对经济增长的贡献率大致在 15% 左右（5.3%+10%）。

（二）基于企业识别的数字经济增长贡献测度

从宏观角度测算往往存在缺少微观基础、假设条件过多、数据质量不高等不足。为此，应该探索从微观视角入手，建立识别数字化企业——行业归类——分别加总的数字经济统计。识别的基本原则是看"在产品生产或服务提供的过程中，企业是否使用了计算机、计算机网络或数字化的知识和信息（数据）作为关键生产要素，达到提高劳动生产率或效率的目的"。

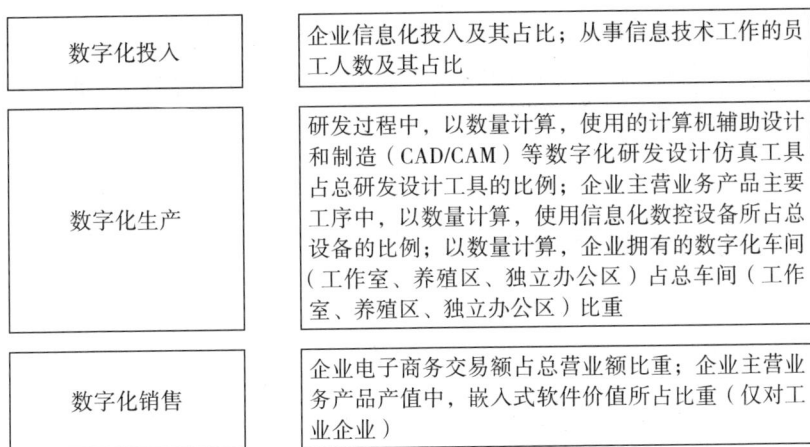

数字化投入	企业信息化投入及其占比；从事信息技术工作的员工人数及其占比
数字化生产	研发过程中，以数量计算，使用的计算机辅助设计和制造（CAD/CAM）等数字化研发设计仿真工具占总研发设计工具的比例；企业主营业务产品主要工序中，以数量计算，使用信息化数控设备所占总设备的比例；以数量计算，企业拥有的数字化车间（工作室、养殖区、独立办公区）占总车间（工作室、养殖区、独立办公区）比重
数字化销售	企业电子商务交易额占总营业额比重；企业主营业务产品产值中，嵌入式软件价值所占比重（仅对工业企业）

图 1-7　识别数字化企业的关键变量

五、加快我国数字经济发展的若干建议

数字经济对我国经济贡献度仍然较低，与我国数字化基础薄弱、转型过慢有关。为此，要顺应数字经济发展趋势，从夯实物质基础、加快数字转型、强化法律保障和优化数字生态方面入手，释

放更大规模数字红利。

（一）以基础设施和信息产业为重点，夯实数字经济的物质基础

一是建设数字经济关键基础设施。加快建成新一代信息基础设施，积极布局低轨通信卫星、空间互联网等前沿技术应用。持续提升高速宽带网络能力，优化国际通信网络，加快推进互联网国际出入口宽带扩容。开展面向车联网、无人机等新技术新装备的专用试验场地建设，加快技术成果熟化和产业化进程。

二是突破信息技术产业核心技术。提升高性能集成电路产品自主开发能力，巩固对移动智能终端、服务器、存储设备、高性能计算机、可穿戴设备等各类数字产品的支撑能力。

三是加强对关键软件的开发。开展移动智能终端软件、网络化计算平台与支撑软件、智能海量数据处理相关软件研发，组织实施搜索引擎、虚拟现实等系统研发，推进信息安全关键产品研发和产业化。

（二）以工业互联网为重点，加快行业的数字化转型进程

一是培育领先的数字化主体平台。引导具有全球影响力的互联网企业将优势资源导入制造业。在人工智能、大数据、储能技术、新能源等领域组建国家产业创新中心。

二是加快工业互联网的建设和应用。全面部署 IPv6，加快 5G 商用进程，推进工业互联网标识解析体系建设。开展面向不同行业和场景的应用创新，加快工业互联网平台建设推广，实现"建平台"与"用平台"双向迭代、互促共进。

三是制订数字化转型实施方案。紧密围绕重点制造领域关键环节，开展新一代信息技术与制造装备融合的集成创新和工程应用，在重点领域建设智能工厂、数字化车间。加强智能产品和自主可控

的智能装置的产学研联合攻关和产业化。

（三）以保障数据安全为重点，加强数字产权和隐私安全维护

一是加强数字产权保护。完善数据产权保护制度，推动制定数据资源确权、开放、流通和交易的相关制度，加大对技术专利、数字版权、数字内容产品、新商业模式、企业商业秘密、个人隐私等保护力度。

二是研究制定数据资源标准管理规范。研究制定数据从产生、收集、传输、交易、存储、使用到销毁全生命周期中安全保护技术、安全管理、行为规范等方面的管理规定。探索建立统一有序的数据交易机制，促进数据的互认互通和集成应用。

三是加强安全保障能力。统筹推进网络与信息安全技术手段建设，全面提升关键信息基础设施、网络数据、个人信息等安全保障能力。

（四）以优化政策环境为重点，营造包容审慎的监管环境

一是深化放管服改革。研究新业态、新产业纳入工商注册、统计分析、优惠政策清单的常态化调整规则和办法。充分利用现代信息技术推进政府决策科学化、社会治理精准化和公共服务高效化。

二是制定完善法规。建立适应数字经济发展政策法规体系，明晰数字市场准入、市场竞争秩序、平台法律责任，抓紧制定完善适应数字经济发展特点的反不正当竞争规则。突出关键信息基础设施保护、大数据安全管理、跨境数据流动等重点领域专项立法同步。

三是缩小数字鸿沟。进一步加大对农村和贫困地区的数字化投入，缩小农村和城市的数字鸿沟。建立多元化的人才投入体系，鼓励企业和民间资本加大对信息经济领域专业人才培养的投入。

（执笔人：张铭慎）

第二章　构建军民融合创新体系研究

构建军民融合创新体系是贯彻落实军民融合发展战略的必要条件。通过对我国新世纪以来军民融合相关文件文本计量分析，我国军民融合创新体系发展依次经过了军民创新主体培育阶段、引导民口创新资源参军阶段、全面推进军民创新系统双向开放阶段。当前发展阶段对构建军民融合创新体系的启示有：顺势推进军民创新体系的双向开放，着力以创新平台搭建取得军民融合创新体系建设突破口，仍需大力加强军口创新主体的基础性地位。我国跨军地统一领导日益完善、多元化创新主体不断发展、创新平台日臻优化，但仍存在国有军工企事业单位改革不到位、公共服务建设不充分、军民两大体制相对封闭等问题。构建军民融合创新体系要以改革创新为主线，健全统筹协调的领导机构、做好顶层战略规划，通过深化企业改革，重塑微观基础，以打造一批高质量、高水平的军民融合创新平台和基地为切入点，鼓励和支持产业技术联盟等企事业创新合作组织发展，促进军民创新资源顺畅有效整合、充分共享，实现双向流动，构建包含基础层、主体层、顶部屋盖层和外部环境层在内的军民一体化创新体系。

党的十九大是深入实施军民融合发展战略的新起点。深入实施军民融合发展战略主要是推动形成军民深度融合发展的基础领域资源共享体系、中国特色先进国防科技工业体系、军民科技协同创新体系、军事人才培养体系、军队保障社会化体系、国防动员体系。构建军民融合创新体系本质上要求军民创新资源、创新能力、创新成果和成果转化加快结合、不断互动，是形成创新领域资源共享体系、军民科技协同创新体系、中国特色先进国防科技工业体系的基础支撑，是贯彻落实军民融合发展战略的必要条件。因此，新时期我们必须强力推进军民融合创新体系建设。

一、认识和把握我国军民融合创新体系

要科学构建我国军民融合创新体系，必须深入理解并准确把握我国军民融合创新体系的内涵特征。

（一）以系统论视角认识军民融合创新体系

军民融合创新体系主要指在军、民两大创新体系之间建立起一个双向开放系统，形成以富国强军为战略指向的国家一体化创新体系。该体系是一个复杂系统，因此我们以系统论原理来理解其基本内涵。一是系统要素。军口、民口创新主体和各类创新资源。二是系统结构，使得系统中不同要素通过一定纽带连接起来。目前我国还没有形成这个结构，必须通过深化改革创新，才能形成军民一体化结构。三是系统运行机制。社会主义市场经济条件下的军民融合创新体系有两大运行机制。一方面是市场调节机制，即市场供需引导创新主体行为和配置各种创新资源。另一方面是政府引导的机制，即政府通过行政等手段设计军民融合创新主体的动力机制、激励机制，从而调节和组织创新主体的行为。四是系统功能。军民融合创新体系的功能是提高创新效率、合理配置创新资源、降低创新风险和成本，最终形成"1+1>2"式或者原子能裂变式（特别在前瞻性、战略性、复杂性领域）创新活力和能力。五是系统环境，对系统功能发挥有增加和减少作用的外部环境。主要包括体制、政策和市场环境。

（二）正确把握我国军民融合创新体系

从创新成果的用途看，军民融合创新体系使得军用和民用创新成果双向转移转化。从这个意义上说，我国的军民融合创新体系与西方发达国家军民融合创新体系没有区别。从创新主体看，我国军民融合创新主体是在计划经济时代形成的，至今仍相对封闭的军口、民口企事业单位。从这个意义上说，我国军民融合创新体系与西方发达国家军民融合创新体系有重大区别。因此构建军民融合创新体系，本质上是体制机制改革，是改变目前军、民两大封闭的体制机制。

二、我国军民融合创新体系政策的演进阶段特征

一般地，政策导向是对经济发展阶段的反映。为克服军口数据不可得的困难，笔者系统研究了新世纪以来我国军民融合创新体系相关政策的演进规律。判断政策演进阶段，既有利于判断军民融合创新体系客观发展阶段，而且还可以依托现阶段政策基础精准发力，为提出军民融合创新体系构建思路提供有效支撑。

（一）方法设计——基于政策频数的量化分析

一项军民融合创新体系政策要落实，不但需要党中央、国务院的顶层文件，而且需要军政各部门的通力配合出台相关配套文件。因此，政策导向的变化更多地表现为某一类别政策文件频数的变化。基于以上考虑，笔者通过研究各种类型政策的频数变动来总结政策导向变化规律。

1. 政策类型

根据军民融合创新体系的定义，将相关政策划分为4种类型。一是军民融合创新体系顶层设计政策，具体表现为军民融合创新体系相关建设的意见、决定、规划、计划、实施方案等总体安排。二是军民创新主体培育，具体表现为通过国有军工企业改制、民口企

业市场准入等方式推动军口、民口创新主体自身发展并进入对方领域。三是调动军民创新资源，具体表现为推进军民技术、人才、资本等创新资源发展和相互转移转化。四是打造军民创新平台，指构建军民协同创新的信息交互、设备共享、技术研发转化等平台。具体分类如表 2-1 所示。

表 2-1　我国军民融合创新体系政策类型和数量分布（2000—2017 年）

政策维度	政策分类	政策子类型	转化方向	编码	数量
创新制度	决定、意见	决定类		111	3
		意见类		112	12
	规划	国民经济和社会发展规划		121	1
		科技发展规划		122	6
		其他专项规划		123	4
	计划和实施方案	科技计划、实施方案相关文件		131	6
创新平台	实体平台	信息服务平台	军民互通	211	2
			军转民	211a	0
			民参军	211b	0
		设备共享平台	军转民	212a	3
			民参军	212b	1
		技术研发转化平台	军转民	213a	0
			民参军	213b	0
		科技产业基地	两用	214	7
	虚拟平台	产业技术联盟	两用	221	0
创新资源	技术	技术开发	两用技术	311	3
			军转民	311a	3
			民参军	311b	3
		技术转化	军民互转	312	5
			军转民	312a	7
			民参军	312b	1
	资本	投资	军转民	321a	0
			民参军	321b	14

续表

政策维度	政策分类	政策子类型	转化方向	编码	数量
创新资源	资本	资本管理	军转民	322a	1
			民参军	322b	2
	人才	人才培养和使用	两用	331	1
创新主体	军口创新主体	军工集团（含军工科研院所）	军转民	411a	11
	民口创新主体	非军工企业、普通高校科研院所	民参军	421b	23

2. 数据收集

依据上述政策分类，通过党中央、国务院及各部门政府官方网站，收集了自2000—2017年的军民融合创新体系相关政策文本，共计119件。总体分布见表2-1。

经过初步统计，其中顶层设计类政策32件，占全体政策比重27%。培育创新主体类政策34件，占比29%。调动创新资源类政策40件，占比34%。打造创新平台类政策13件，占比11%。具体政策的分布情况如图2-1所示。

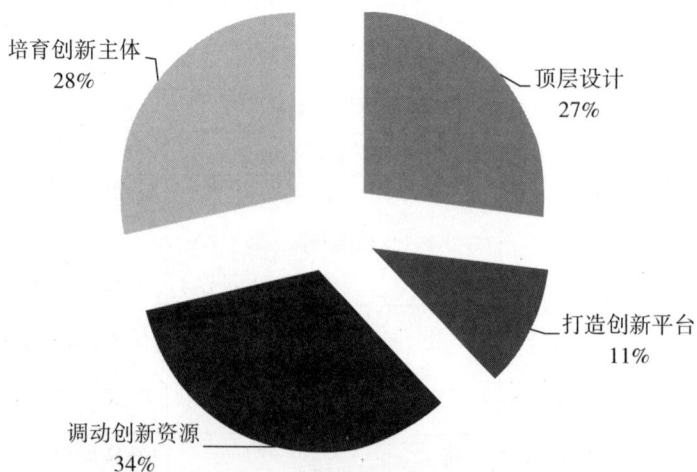

图2-1　军民融合创新体系相关政策总体频数分布

创新平台、资源和主体等专项政策共 87 项。按照军民转化方向来划分，其中军民两用型政策 18 项，占专项政策比重为 21%。军转民型政策 25 项，占比 29%。民参军型政策 44 项，占比 51%。专项政策中军民转化方向的分布情况如图 2-2 所示。

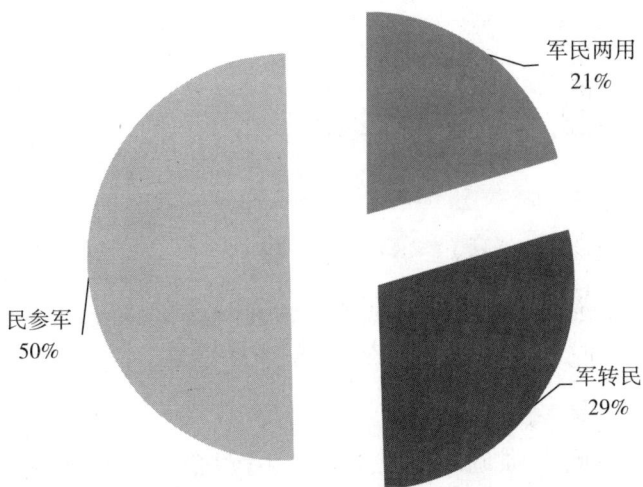

图 2-2　军民融合创新体系专项政策按军民转化方向的频数分布

（二）演进阶段特征

通过观察 2000—2017 年我国军民融合创新体系各类政策的频数变化，可将这 18 年来我国军民融合创新体系政策导向大致划分为 3 个阶段（见图 3-3）。通过 3 个阶段的政策演进，军民融合创新体系政策的内涵得到了极大的丰富。

1. 军民创新主体培育阶段（2000—2006 年）

由图 2-3 横轴"军民创新主体培育阶段（2000—2006 年）"对应政策频数气泡图，下部军民创新主体培育的两个气泡最大，而上部其他气泡相对较小。这说明该阶段的政策重心在于创新主体培育。

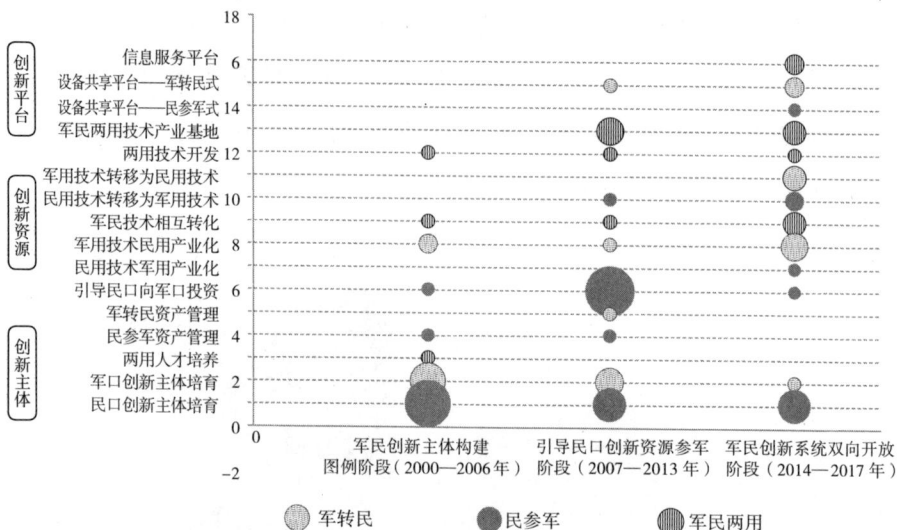

图 2-3　2000——2017 年分阶段我国军民融合创新体系相关政策频数气泡图
（气泡大小为政策频数大小）

　　该阶段政策强调对军工企业、民营企业、科研院所等创新主体的支持。在军口创新主体方面，政策导向为帮助军工企业脱困，允许军工企业破产以及部分划归地方普通民口企业。典型政策为 2002 年国务院批准《军工企业改革脱困方案》，以及 2003 年国务院、中央军委批准核、船舶等工业能力结构调整方案和军工企业改革脱困补充方案。同时，政策导向还推进军工科研院所市场化改革，例如 2000 年国务院办公厅转发科技部等部门《关于深化科研机构管理体制改革实施意见》，要求承担军事科研任务的科研机构要向企业化转制。在民口创新主体方面，主要是建立武器装备市场准入制度，设定一系列标准，规范和引导民口创新主体进入军品科研市场。典型政策为期间国防科工委密集发布的"武器装备科研生产许可证"现场审查、专家管理、实施办法等相关规范文件。

2. 引导民口创新资源参军阶段（2007—2013 年）

由图 3-3 横轴"引导民口创新资源参军阶段（2007—2013 年）"对应政策频数气泡图，除了底部培育创新主体政策频数的两气泡较大外，该阶段气泡图明显的变化：一是中部引导民口资本向军口投资气泡突出，为该阶段最大的气泡；二是其他创新资源类气泡较多。这说明该阶段的政策重心向创新资源引导转移，并着重引导民口创新资源参军。

该阶段强调引导民口资本、技术等创新资源向军口转移。第一，顶层设计文件突出强调了军民融合大方向为"民参军"，例如，《国家中长期科学和技术发展规划纲要（2006—2020 年）》指出要"引导构建军民融合、寓军于民的国防科技创新体系"。又如，2010 年国务院、中央军委发布了《关于建立和完善军民结合寓军于民武器装备科研生产体系的若干意见》。第二，各部门加紧在创新资源调配上落实"民参军"。在引导民口资本向军口转移方面，2007 年国防科工委发布《关于非公有制经济参与国防科技工业建设的指导意见》《非公有制经济参与国防科技工业建设指南》《关于深化国防科技工业投资体制改革的若干意见》《关于做好非公有制经济参与国防科技工业建设指导意见贯彻落实工作的通知》。2009 年国防科工局进一步提出《国防科技工业社会投资领域指导目录（放开类）》《国防科技工业社会投资项目核准和备案管理暂行办法》《非国有企业军工项目投资监管暂行办法》。2012 年，国防科工局、总装备部发布《鼓励和引导民间资本进入国防科技工业领域的实施意见》。在引导民口技术向军口转移方面，2007 年国防科工委发布《关于进一步推进民用技术向军用转移的指导意见》。

3. 全面推进军民创新系统双向开放阶段（2014—2017）

由图 2-3 横轴"军民创新系统双向开放阶段（2014—2017）"对应政策频数气泡图，一是军转民、民参军、军民两用三种政策类型气泡大小大体相同；二是创新主体、创新资源、创新平台类都对应有气泡，而且气泡大小大致相同；三是顶部创新平台类政策频数气泡明显增多。这说明该阶段的政策重心在于创新体系整体的军民双向开放，而且平台类政策成为新趋势。

该阶段强调在更广范围、更高层次、更深程度上把军事创新体系纳入国家创新体系之中，实现两个体系相互兼容同步发展。在新增的平台型政策方面，政策导向是建立军民信息共享平台、设备共享平台以及军民融合科技产业基地。典型政策有2014年《国务院关于国家重大科研基础设施和大型科研仪器向社会开放的意见》、2014年工信部《军民两用设备设施资源信息共享名录（航空工业）》、2015年工信部、国防科工局《国家军民结合公共服务平台信息征集和发布管理暂行办法》。

（三）对我国构建军民融合创新体系的启示

1. 顺势推进军民创新体系的双向开放

当前，我国政策导向已经处于推进军民创新系统双向开放阶段，在军民融合创新体系各个领域均具有了较好的政策基础。在培育军民创新主体方面，既培育军口创新主体，并推进军口创新主体在民口领域开展创新；又培育民口创新主体，并推进民口创新主体在军口领域开展创新。在调配军民创新资源方面，既鼓励军口技术、资本、人才向民用转移转化，有推进民用技术、资本、人才向军口转移转化。在建设运营各类军民融合创新平台方面，鼓励建设信息服务、技术服务、设备服务等各类军民双向使用的平台。因此，构建军民融合创新体系必须依托现有军民创新系统双向开放的基础，加大推进力度，力争及早建立军民融合创新体系。

2. 着力以创新平台搭建获得军民融合创新体系建设突破口

经过新世纪以来18年的政策演进，我国在制定培育军民创新主体、调配创新资源等较为基础性政策后，开始涌现为数不少的军民创新平台建设政策。军民创新平台可集成军工集团、高校科研院所、民营企业等创新主体，以及技术、资本、人才等创新资源，有助于形成军民融合创新的典型案例。因此，在国防采购、军民标准、国有企业改革、保密制度等大量机制体制改革难以从快速完成的情况下，以创新平台搭建为点，进行局部先行先试，可有助于在军民融合创新体系构建上打开突破口。

3. 仍需大力加强军口创新主体的基础性地位

从对创新主体培育的政策导向看，2000 年以来我国一直在大力培育军民创新主体，但近一个阶段（2014—2017 年）对军口创新主体培育的政策频数明显减小。应该看到，军工集团（包括军工科研院所）经过市场化改造和破产重组，创新活力已经大为增加，但与军民融合创新体系的基石地位要求仍有较大差距。军工集团"小而全""大而全"科研生产体系、国有资产改革不到位导致难以与外部民口资源建立与市场接轨的体系集成、跨领域、深层次的广泛合作机制。因此，必须继续加强培育军口创新主体，使得其真正发挥创新体系中基石的作用。

三、创建我国军民融合创新体系的基本条件

军民融合创新体系既是军民融合发展的重点，也是军民融合发展的重要标志。充分把握军民融合创新体系发展现状问题是制定科学对策的基础。

（一）有利条件

1. 日益完善的跨军地统一领导强化创新体系统筹力量

2017 年 1 月，中共中央设立中央军民融合发展委员会，统筹军民融合领导工作，向中央政治局、中央政治局常务委员会负责。

2017年6月、9月，中央军民融合发展委员会召开了第一次、第二次全体会议。2018年3月，十九届中央军民融合发展委员会召开第一次全体会议。军民融合创新的新领导体制和运行机制正在逐步建立。在建立创新领域军地部门会商沟通机制方面，建立了由科技部、军委科技委、军委装发部、军委战略规划办、国家发改委、工信部、国防科工局等部门参与的沟通协商机制，建立了常态化协同工作各项机制，共同就军民融合科技创新发展的战略规划、科技计划、重大项目、体制机制科技创新等问题深入沟通，对接部署。但同时也应看到，国家层面军地统一领导体制建立时间较短，军政管理部门之间在职能和制度建设等具体工作方面仍需要进一步理顺。

2. 不断积累的多元化创新主体奠定创新体系坚实基础

军口创新主体包括部队高校科研院所、军工集团（包括军工科研院所，后同）等。经过长期发展积累，目前军口创新主体是国防科技的骨干，推动我国成为世界上仅有的三个具有完整国防科技工业体系的国家之一。民口创新主体指具有从事军品科研生产潜力的民口企事业单位。具体包括普通高校、科研院所和企业。民口创新主体一是数量①大幅度提高。从许可持证单位情况看，民口占总数的三分之二。截至2017年底，我国已有1000多家民营企业获得武器装备科研生产许可证，比"十一五"末期增加127%。获得承制单位资格证的民营企业有900多家，约占承制单位资格总数的1/2。二是参军内容不断拓展。民口创新主体参军不但在电子领域整体水平超过军工水平，在钒钛等新材料领域也不断扩展。

---

① 民参军企业通常需要获得武器装备科研生产许可证（以下简称"许可证"）、装备承制单位认证（以下简称"承制证"）、武器装备科研生产单位保密认证（以下简称"保密认证"）、武器装备质量管理体系认证（以下简称"质量体系认证"）等认证。

3. 日臻优化的创新平台催生新的军民协同创新格局

我国已经形成了信息服务型、科技基础设施共享型、重大协同创新工程型等多种类型较为丰富的军民融合创新平台，并对军民协同创新形成强有力的助推力量。信息服务型创新平台方面，各地方各军工集团纷纷建立了军民技术转移服务中心、武器装备科技信息服务中心等平台，提供查询、查证、咨询、专项技术跟踪等服务。大型军工科研基础能力共享平台方面，在载人航天、探月、二代导航等工程实施领域拥有17家军民共建国家重点实验室。部分军工集团重大科研基础设施不断开放共享。例如航天科工开放式工业互联网平台——航天云网，向全社会提供云计算服务，已经吸引企业80万户入住，并获批国家首批双创示范基地。

（二）不利条件

1. 国有军工企事业单位改革不到位阻碍了军民创新主体活力

军工集团是国有性质，拥有众多事业单位，目前国有军工企事业单位制度改革仍有诸多不完善之处。一是军工科技成果产权改革不到位，军工科技成果所有权确定、成果作价、军工技术成果收益分配、军用技术转化责任认定在操作中存在诸多问题，导致军品成果转让不畅。二是人员激励制度改革不到位，军工集团存在事业编制身份和工资总额限制，股权激励方式不灵活，难以对创新人员中长期激励、推进灵活流动。这影响了本单位科研人员开展军民融合项目的创新活力；导致部分高层次人员流失，例如中核工业反应因缺乏薪酬激励，核电项目人员流失率居高不下；企业难以招聘既懂军民技术又懂市场的职业经理人。三是国有军工资本布局调整不到位，"小而全""大而全"的生产体系难以与外部民口资源建立与市场接轨的体系集成、跨领域、深层次的广泛合作机制，导致"民参军"主要局限在辅助性配套领域，缺乏资本融合、项目融合、产业融合等高层次战略性合作。

2. 公共服务建设不充分抑制潜在优势发挥

我国已经存在较多的军民生产要素、企业等资源，但由于所建立的公共服务机构规模相对较小、行业地位不高，已有的军民资源优势难以得到有效发挥。一是部分地方建立了军民技术转移信息服务中心等信息平台，但这些信息平台或者缺乏军方相关资源，服务内容不完善，难以有效提供军民两用技术衔接与融合有关服务；或者缺乏对国防专利有效的估值手段和估值专业人才，无法有效提供军民技术转移转化估值服务和放大效应测评服务。二是一些地方建立了军工产业协会、联盟、装备技术研究院等服务"民参军"的中介机构，但是部分中介机构趋利性过于明显、运行仍需规范，公共服务属性较弱。三是地方普遍欠缺风险投资、金融担保、标准服务、涉密管理体系等高端公共服务。

3. 军民两大体制相对封闭阻碍释放创新红利

与军民融合创新体系直接相关的外部制度环境包括保密、标准、市场准入等制度。为构建军民一体化创新体系，必须破解相关机制体制障碍。一是保密解密机制不健全，定密过高，或到解密期仍保守秘密，或定密积极、解密懈怠轻视。二是标准不统一，通常情况下，军队不直接采购具有军民两用特点的产品。这需要军工企业花费大量的人财物重新研制，不利于先进技术产品服务武器装备建设。例如，中国电子信息产业集团有限公司构建起以"飞腾 CPU+麒麟 OS"为核心的技术体系，具备了建设新型电子政务平台所需的全部技术条件。但由于标准不统一，军队不能直接采购此自主可控国产化信息系统，结果需要重新研制。三是市场准入制度欠公平，各类有形的技术性与制度性壁垒以及"玻璃门""弹簧门""旋转门"等隐形的壁垒困境仍大量存在，阻碍广大民口创新主体进入。

四、构建军民融合创新体系的总体考虑

（一）主体框架

在军民分立的发展模式中，军口创新主体和民口创新主体基本上没有联系，导致军口领域和民口领域没有结合点，整个体系缺乏活力，效率低下。在军民融合状态，军口领域和民口领域大部分可实现重合叠加，军口创新主体和民口创新主体既从事本领域的创新，也从事另一领域的创新，使得社会创新资源得到了充分的利用。根据军民融合创新体系构建原则，构建军民融合创新体系就是要构建创新主体活跃、资源流动顺畅、平台体系完善、服务保障创新、体制机制高效的军民一体化创新体系。具体包括基础层、主体层、顶部屋盖层和外部环境层（见图2-4）。

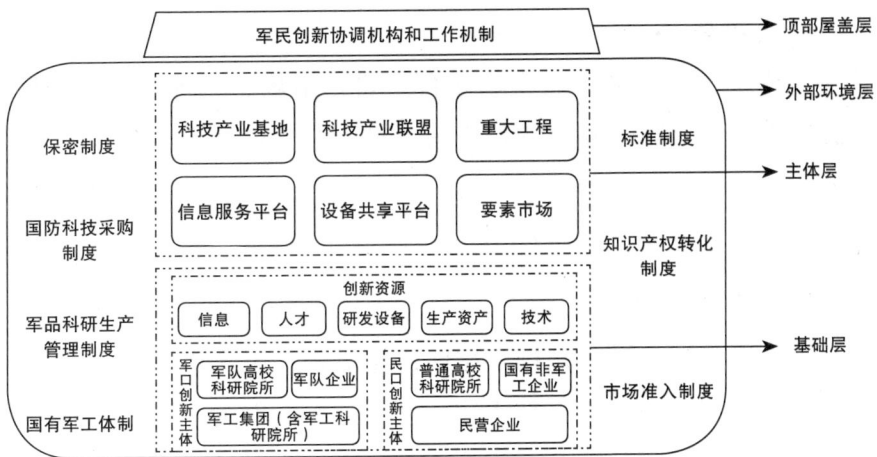

图2-4　我国军民融合创新体系主体框架

1. 基础层

基础层包括军民两方产学研各创新主体，以及各种创新资源要素。具体包括三部分：军口领域、民口领域和军民结合领域。一是军口创新主体，包括军队科研院所、军工企业（含军工科研院所），

处于军口领域一端，在开发和应用军用技术方面具有一定优势。二是民口企业，处于民用领域一端，在开发和应用民用技术方面具有一定优势，它们直接面向市场，一方面将科技成果产品化、产业化，另一方面通过企业内部的研发部门进行应用技术的开发研究。但是军口创新主体和民口创新主体不再局限于各自创新领域，在特定条件下，它们都可以参与对方领域的创新。当然，由于军口领域的特殊性，军口创新主体在进入民口领域、民口创新主体在参与军口领域时，都会面临一定的风险，并受到军政管理部门的监管。三是普通高校科研院所。普通高校主要从事基础性研究和部分应用研究，进行知识创新和科技创新。普通科研院所在开展基础研究的同时，着力进行军民两用技术平台的构建与升级工作，开展应用技术研究，与普通高校一起为企业的技术创新提供技术来源。

2. 主体层

主体层包括主要设备共享平台、要素市场、基地、虚拟园区、产业联盟等。主体层通过提供设备共享、要素保障、信息交流、技术孵化、技术转移、资金提供等服务，将军民创新主体有机联系起来，发挥创新体系的纽带作用。

3. 顶部屋盖层

顶部屋盖层主要包括国家层面协调机构，工作机制等，负责顶层设计并组织协调各类创新主体和创新资源。因为"军转民"和"民参军"都存在一定的风险，因此在军民融合创新体系中军政管理部门应成立联合协调组织机构负责区域内各类创新资源的总体组织与协调。政府通过科技政策、产业政策、重大工程建设等方式对创新的领域和方向进行引导，同时做好各创新主体之间的协调工作。

4. 外部环境层

外部环境层是与军民创新相关的各种体制、政策、市场等外部环境。良好的外部条件可推动军民融合创新体系发展至更高水平。

（二）建设思路

以习近平新时代中国特色社会主义思想为指导，按照中央军民融合统一部署，以改革创新为主线，健全军民融合创新体系统筹协调的领导机构，做好顶层战略规划和完善统筹协调机制，进一步发挥各类军民创新主体积极性、创造性相结合，通过深化企业改革，重塑微观基础，以打造一批高质量、高水平的军民融合创新平台和基地为切入点，鼓励和支持产业技术联盟等企事业创新合作组织发展，促进军民创新资源顺畅有效整合、充分共享，实现双向流动，力争到2022年建成军民融合创新体系的基本框架，2030年形成结构科学紧密、运行顺畅高效、创新功能齐全强大的军民融合创新体系。

五、构建军民融合创新体系的重点举措

（一）顶层设计，制定军民融合创新体系战略规划

制定战略规划，推进国防科技创新体系和民用科技创新体系有机统一，将军队科研院所、军工科研院所、军工生产单位、普通高校科研院所、专业服务机构等原本属于不同规则、不同系统下的主体及其所属的体系和相应的资源，纳入新的国家创新体系之中。应采取分类施策方式推动不同领域的军民融合创新。对于核电等由军用技术衍生出民用技术的领域，应大力发挥军口创新主体的技术优势，着力发展军民两用技术创新平台和科技成果转化平台，增强军口创新主体开发民品和占领市场的能力。对于卫星装备、卫星增值服务等军用民用并重的领域，应充分调动民口创新资源进入创新体系并发挥积极作用，鼓励军民合作成立产业共性技术联盟，实现基础研究到应用研究，产品研发设计、生产制造与技术和产品采购的

全面有机融合。对于新材料等主要以民口创新主体为主的领域，应充分利用资本市场融资的方式帮助军口创新主体嵌入至民口中。

（二）夯实基础，分类推进国有军工企事业单位改革

深化企业改革，分类推动国有军工企事业单位建立完善现代企业制度，重塑军民融合创新体系的微观基础，充分发挥军口创新主体积极性、创造性。对涉及核心国防利益，从事战略武器、关键性主战武器装备总体的少数央属军企，保留国家独资形式。对从事重大装备总体设计和集成以及关键系统和分系统研制任务，涉及国防利益和主要装备性能指标的重要行业和关键领域的央属军企，保留国有绝对控股或相对控股。对从事外围层次配套业务的军企，推动混合所有制改造或者完全私有化。对于承担重要军事任务的股份制企业，设立军方或政府管理部门的金股，并向企业派驻军代表或董事，参与企业涉及国防利益的重大决策。推进军工企事业单位管理人员"去行政化"改革。支持引导部分应用研究类和工程开发类军工科研院所通过上市方式转制为企业。对于央属军企的考核指标，增加两用技术开发转化类指标和现代企业制度建立类指标。

（三）主体构建，打造军民协同创新平台和合作组织

打造一批高质量、高水平的军民融合创新平台、创新设施共享平台和创新型企业及研发机构密集的创新基地，鼓励和支持产业技术联盟等企事业创新合作组织发展。一是建立军民信息服务等公共服务平台，重点构建军民共享的知识产权运营服务平台，加强新领域新业态和成果交流发表中的知识产权保护，定期发布军民知识产权转化目录。二是依托国家军民两用技术交易中心等载体，努力探索建立"大数据""互联网+""云制造"等新型技术服务平台。三是建立完善科技基础设施开放共享平台，加快建立合理的平台服务收费制度和利用创新券政府购买服务的方式，减轻企业使用负担。

四是打造军民融合创新示范基地。依托国家军民融合创新示范区建设，在研发转化体制机制创新、军民协同创新等领域开展军民融合创新示范。五是鼓励成立虚拟产业技术创新联盟，探索联盟运作及管理方式、信息沟通机制、解决纠纷机制，增强创新集群的空间跨度。

（四）环境营造，营造良好军民协同创新生态和土壤

重点完善市场准入、保密、标准、国防科技采购等与军民融合创新体系直接相关制度，构筑良好环境。一是完善民参军市场主体准入制度，建立准入管理工作协调机制，加强保密证、质量证、许可证和承研承制证审查工作的有机衔接，缩短审查认证工作周期，建立"两证"联合审查工作机制，推进实现"两证"联合办理。同时，还应鼓励能够获取国外先进技术能力，以及信用水平较高的民营企业进入。二是推进保密解密制度改革。原则上不再单独推行复杂化的保密程序和管理规定。推行解密责任管理制度，建立定期强制解密机制，定期组织专家甄别筛选可解密国防专利等信息，推进对不需要继续保密的信息及时解密。三是推动军用标准、军工行业标准和民用标准的融合和应用，积极开展云计算、大数据、集成电路等领域军民通用标准制定。四是设立中小科技企业国防预研专项，鼓励有实力的中小企业广泛参与国防预研项目，并完善相关竞争失利保护制度。

（执笔人：成卓）

第三章　鼓励企业技术创新的税收政策研究

由于创新活动的正外部性以及创新过程中严重的信息不对称和高风险，市场对创新资源的供给存在失灵现象，需要政府给予干预。税收政策正是一种高效的风险抵御和纠正外部性的手段，在很大程度上能够消除企业技术创新的风险和减少创新成本，提高企业创新投资的收益水平，为企业创新主体构建一个优良的激励机制，从而大大提高其技术发展和投资水平。我国鼓励企业技术创新的税收政策主要涉及企业所得税、个人所得税、增值税等多税种，采取了税收减免、费用扣除、加速折旧等优惠形式。总体看来，我国已经初步建立起以产业性优惠为主体、覆盖现行主要税种、采用多种优惠方式的鼓励企业技术创新的税收优惠政策体系。近年来，大多数OECD国家对企业研发活动提供了税收鼓励政策。而且与财政政策相比，力度更大。目前，虽然一系列减税措施为企业创新发展注入了新能量，但是相关政策在实施中仍存在一定问题。如税收优惠政策法律依据层次较低、政策着力点较多关注产业、优惠环节具有局限性、优惠方式不合理、激励效果和实感不足以及纳税服务有待加强。当前应结合企业技术创新所处的阶段和环节，灵活运用税收减免、降低税率、税前扣除、亏损结转、加速折旧、加计扣除、投资抵免、提取科研开发准备金、先征后返等税收优惠方式，形成支持覆盖创新活动全过程的开放性立体式税收政策生态体系。逐步改变当前以所得税为主的税收优惠政策，通过加大对流转环节的税收优惠力度，对研发、初试、中试、试用等创新环节以及给企业特别是给处于种子期的企业以更多实惠。同时为了更好的激励企业技术创新，政策优惠体系应覆盖创新生态系统的各方面。

一、税收优惠政策促进企业技术创新的机理和效应分析

由于创新活动的正外部性以及创新过程中严重的信息不对称和高风险，市场对创新资源的供给存在失灵现象，需要政府给予干预。税收政策正是一种高效的风险抵御和纠正外部性的手段，政府实施的税收优惠政策能够在很大程度上消除企业技术创新的风险，减少创新成本，克服社会边际价值和私人部门边际价值不等所引起的资源配置上的非最优，提高企业创新投资的收益水平。最终，对企业创新主体提供一个优良的激励机制，大大促进其加大研发投入力度、催生新技术产业化、加快推广新产品的运用。

（一）政府成为企业技术创新活动推动者的理论基础

新古典经济学派认为政府介入技术创新的合理性从根本上在于创新过程中存在着市场失灵。也就是说，市场机制充分发挥作用的条件并不能使得资源在技术创新行为中达到最优配置状态。创新行为收益的非竞争性、部分非排他性使得创新活动及其成果带有公共物品色彩，加之创新活动对市场、人才和社会带来的正外部性，以及创新结果的不确定性和高风险性，往往使得市场机制下市场主体对于技术创新的热情和资源投入低于社会所需要的最优水平，存在帕累托改进空间。在此背景下，政府干预成为克服市场失灵的必要手段，政府成为企业技术创新活动的推动者。如果政府不予正确引导，将导致创新行为缺乏。一般情况下，政

府可以通过采用财政、税收、产业等政策去激励企业创新行为的产生。

（二）税收优惠政策促进企业技术创新的机理

从税收角度来看，政府通过税收优惠政策支持具有较大外部性的技术创新，相当于政府承担了一部分企业研究开发的创新成本和风险，增加创新支出的税后收益，从而能够使得资源逐渐向企业高效部门流转，促进企业对资源进行积极的探索和开发，有效地克服社会边际价值和私人部门边际价值不等所引起的资源配置上的非最优，纠正市场缺陷。这样就能够给企业提供一个优良的激励机制，最终大大提高其技术发展和投资水平。

具体来看，一是可以通过减少企业创新成本、降低创新风险激励企业技术创新。创新具有较高的风险，企业必须借助国家政策和制度的干预规避风险，税收优惠政策正是一种高效的风险抵御手段。政府实施的税收优惠政策能够在很大程度上消除企业技术创新的风险，并且由于获得政府的税收资金支持，能够直接降低创新的成本，提高创新投资收益，从而增强创新对企业的吸引力，导致企业增加创新投资，去替代其他普通投资。另外，企业在技术创新方面的项目活动产生了亏损，借助向前结转或是向后结转的亏损结转抵免优惠政策，能够有效地减少企业亏损程度，弥补企业一部分创新带来的损失，如此就相当于政府为企业增加了额外的保险，加大了其创新的积极性与信心，最终让企业安心地开展创新活动。二是通过赋予权利、增加收益激励企业技术创新。例如，免税和降低税率能够增加企业的税后净收益，这相当于提高了企业创新投资的收益水平。为了获得更高的收益水平，企业家会倾向于继续创新投资。与此同时，通过对科研人才的税收激励，帮助企业留住创新人才，鼓励创新人才为企业提供充分的智力保障和支持。

综上所述，政府对企业技术创新实施税收优惠，能够通过税收优惠措施来影响企业的行为选择，最终能够提高企业参与技术创新活动的积极性和主动性。

（三）税收优惠政策促进企业技术创新的效应分析

1. 前期：激励研发

在企业研发初期，政府实施研发费用加计扣除政策能够直接增加研发费用税前扣除的额度，减少企业的税收负担，降低研发投入成本与投资风险，间接提高项目盈利的能力，间接促使企业进行或进一步增加研发经费投入，激励企业创新发展。同时，给予创新平台以及为企业创新行为提供相关专业服务的中介机构相应的税收优惠政策，能够降低创新平台运行成本，更好地促进其为孵化企业提供场地、管理、技术和金融等专业服务和资源，从而降低企业创新成本和失败风险、拓展企业发展的空间，提高企业技术创新的成功率，有利于激发企业研发活动。另外，对为企业创新行为提供资金保障的各类创业投资机构和基金机构、提供融资服务的银行和担保机构给予所得税抵免等优惠支持即实施资本向企业创新聚集的税收优惠政策，能够为企业创新积累发展资本，进一步促进企业开展研发活动。除此之外，构建激励人力资本提高和合理利用高端人才的税收政策体系，能够帮助企业更好地培养和留住人才，充分调动科研人员创新的活力和积极性，从而提高企业的研发能力。

2. 中期：催生产业化

科技成果只有产业化，才能真正促进经济的发展，而税收在促进科技成果产业化方面发挥着重要的作用。如，对科研机构的科技成果转让制定税收优惠措施，构建科技成果转化的税收绿色通道，可以有效地促使技术成果向企业转移。实施股权激励和技术入股所得税优惠政策，对企业和个人加快技术应用给予鼓励，能够降低科研人才因股权激励或企业和个人因技术入股所带来的税收成本，有效推动技术创新的产业化。又如，对高新技术企业、技术先进型服务企业按较低税率征收企业所得税，对符合条件的软件和集成电路企业实行"两免三减半"等企业所得税优惠，有利于降低企业的税收负担、增加收益激励，从而进一步鼓励新产品、新技术产业化。再如，为了促进新技术的产业化，新技术产业化当年允许将投资额的一定比例从企业应纳税所得额中扣除，或者将该部分作为特别折旧计入损耗之中，通过减少计税基础降低税负。实施新技术产业化投资免税制度，也有利于促进新技术新产品产业化。另外，对企业创新过程中的中间产品适用减免税政策，也会势必加快新技术新产品的研发进程，缩短技术创新转化为生产力的周期，加快创新成果的形成和产业化。同时，对科技成果转化实施税收优惠，如对技术转让、技术开发和与之相关的技术咨询、技术服务免征增值税，对技术转让所得减免企业所得税，能够降低科技成果转化的税收负担，有利于促进科技成果之间无障碍转换，从而催生科技成果的产业化。除此之外，给予投资于中后期的创业投资企业一定程度的税收优惠，有利于提高创投企业的收益，从而增强对创投企业等外部资本的吸引力，有效增加创业投资行为的发生，达到增加创业资本规模的目的，进而有利于推动新技术和新产品的产业化。

3. 后期：推广新产品运用

通过构建新消费倒逼新产业（新业态）的良性循环的税收政策体系，有利于降低居民对消费新产品的税收负担，进而引导和推动新消费，达到新产品推广运用的目的。例如，为了鼓励某些行业如软件行业和集成电路行业的发展以及新产品的推广运用，对其最终科技产品给予增值税即征即退、先征后退甚至免税的优惠政策，在减少生产企业税收负担的同时也进一步降低了转嫁成本，从而减轻了消费者的税收负担，相当于降低了新产品的价格，促进消费者替代性消费，进而引导消费者转换消费结构，最终能够有利于企业创新产品的推广运用。

4.环境营造：加快设备更新

固定资产和研发仪器设备加速折旧政策有助于减轻企业投资初期的税收负担，改善企业现金流，缓解企业资金压力，调动企业提高设备投入、更新改造和科技创新的积极性。具体激励效果为：一是减轻企业所得税负担，增加企业的流动资金。固定资产和研发仪器设备加速折旧政策的目标就是企业可以在较短时间内计提完固定资产，使更多的折旧在使用初期被摊销。由于允许在税前扣除，从而获得延期纳税优惠，进而可以盘活企业现金流，在经营上使企业当期能有更宽松的资金运用（万莹，2016；王中帆，2016）。二是促使企业全身心投入到研究中，实现设备更新与技术改造。由于更完善的仪器设备不断进入市场，导致原有仪器设备使用年限缩短，甚至提前报废，从而形成了无形的损耗。因此，采用加速折旧法可以补偿无形损耗、早日收回投资，通过购买更新的设备，进一步提高产品产量和质量以及企业竞争优势。投资人对企业的期望由于企业竞争能力的提高而提升，将进一步增加企业的设备投入（万莹，2016）。

二、创新税收政策发展呈现的特点

我国鼓励企业技术创新的税收优惠政策主要涉及企业所得税、个人所得税、增值税等多税种，采取了税收减免、费用扣除、加速折旧等多种形式。总体看来，我国已经初步建立起以产业性优惠为主体、覆盖现行主要税种、采用多种优惠方式的鼓励企业技术创新的税收优惠政策体系。从国外来看，近年来大多数 OECD 国家对企业研发活动提供了大量的税收鼓励政策。而且，与财政政策相比，力度更大。发达国家主要实施包含多税种的税收优惠政策，同时以间接性税收优惠为主，并注重支持创新税收政策的有效性和可操作性。

（一）我国鼓励企业技术创新的税收政策呈现的特点

我国鼓励企业技术创新的税收优惠政策主要涉及企业所得税、个人所得税、增值税等多税种，采取了税收减免、费用扣除、加速折旧等多种形式。总体看来，我国已经初步建立起以产业性优惠为主体、覆盖现行主要税种、采用多种优惠方式的鼓励企业技术创新的税收优惠政策体系。

一是从优惠对象看，以产业性优惠为主。目前的研发创新税收激励已经摆脱了初期以区域性优惠为主的特点。当前的税收优惠政策集中于软件产业、集成电路产业等高新技术产业，同时也覆盖到部分亟须技术升级的传统制造业。目前税收优惠对象的选取有利于引导企业的研发创新活动，同时也避免了区域性税收优惠带来的"税收洼地"效应和税收套利现象以及粗放型税源管理方式。

二是从优惠税种看，以所得税为主、流转税为辅。从表 3-1 可以看出，企业所得税是我国促进企业技术创新税收优惠政策所运用的主要税种，其覆盖面宽，措施较多，占比达到 54.5%；增值税是税收优惠政策运用的另一主要税种，占比达到 27.3%。与企业所得税相比，针对个人所得税的优惠政策比例只有 11.7%，比例相对较低，技术创新人才激励机制有待完善。

表 3-1 我国促进企业技术创新的税收优惠政策条款的税种分布表

税种	条款数（个）	比例（%）
企业所得税	42	54.5
个人所得税	9	11.7
增值税	21	27.3
消费税	1	1.3
房产税	1	1.3
城镇土地使用税	2	2.6
印花税	1	1.3

三是从激励方式看，我国税收优惠方式主要采用直接优惠方式，如减免或低税率，间接优惠方式如投资抵免、税前扣除采用较少，即使采用也有较为严格的限制条件。

四是从激励环节看，我国税收优惠政策大多集中在技术创新成果应用领域，而对创新的关键环节——研发环节的优惠政策并不多。这将会导致企业把重点放在引进、消化新技术、新工艺上，而不是自主创新。

（二）发达国家鼓励企业技术创新的税收政策呈现的特点

1. 实施涵盖多税种的税收优惠政策支持创新

税收优惠政策涉及的税种主要是企业所得税、增值税和个人所得税三种。不少发达国家采用消费型增值税，鼓励企业进行设备改造和技术创新，提高产品的技术含量。为鼓励科技从业人员的积极性，许多国家都在个人所得税方面采取了一系列优惠政策。同时，企业所得税最能直接和调整企业投资行为，因此发达国家都将企业所得税作为优惠的重点。

2. 实施以间接性税收优惠为主的政策体系

由于企业技术研究和开发的风险性，为了提高企业对技术研究投入的积极性，各国普遍注重税收间接优惠政策的运用即侧重于税基式的优惠政策，采用了以间接性税收优惠为主体、直接优惠为辅的政策体系。从而有助于调动企业从事科研和技术开发的积极性，有助于事前满足技术研究开发主体的资金，充分体现政府扶持技术创新的政策意向。其间接税收优惠政策主要包括亏损结转、加速折旧、投资抵免、研发费用扣除和提取科研开发准备金等。而我国的创新税收政策的激励方式，则侧重于直接优惠政策即税率式的优惠和税额减免，因此，最终享受税收优惠待遇的是那些已经和能够获得技术开发收益的企业，而对那些正处在技术研究开发阶段的企业税收激励措施较少。

3. 注重支持创新税收政策的有效性和可操作性

发达国家在运用税收优惠政策时，特别注重税收优惠政策运用的有效性和可操作性。税收优惠政策由政府制定并推向市场，由市场引导企业对科技进行投入。同时，发达国家的税收优惠并非无限制使用，而是根据经济发展情况不断调整其创新税收政策，将有限的税收优惠运用到创新的每个环节。并且，发达国家的税收优惠政策审批管理高效透明。

专栏1　发达国家鼓励企业技术创新的税收政策的新趋势

　　促进企业技术创新发展，是各国寻求全球创新主导地位和技术领先优势的重要手段。由于企业技术创新具有正外部性、风险高等特点，各国政府普遍对企业技术创新给予税收政策支持。例如，大多数OECD国家对企业研发活动提供了大量的税收鼓励政策。而且与财政政策相比，力度更大。目前，一般采用税收补贴率（tax subsidy rates）来计算和衡量各国R&D税收激励政策的优惠力度。R&D税收激励政策优惠力度排在前三名的国家分别为法国、西班牙、葡萄牙，其税收补贴率为 0.335、0.33 和 0.325，中国 2015 年 R&D 税收补贴率仅为 0.135。而且，税收激励力度相比财政政策工具（政府采购和财政补贴）而言，呈现增长态势。根据 OECD 近期对 28 个国家的统计分析，从 2006 年至 2013 年，有 16 个国家的税收激励政策占政府资助 R&D 支出的比重呈增加态势。这些国家是荷兰、澳大利亚、日本、爱尔兰、法国、希腊、比利时、南非、韩国、丹麦、英国、土耳其、奥地利、巴西、美国、芬兰。与此同时，综合采用投入型和产出型税收优惠政策，针对研发投入的成本费用给予税收抵免、加计扣除和加速折旧等优惠政策的同时，又针对研发产出的成果所得给予税收优惠，提高研发投资的税后收益率。

资料来源：于洪、张洁：《促进科技创新的税收优惠政策研究》，《地方财政研究》2016 年第 5 期。

三、目前我国鼓励企业技术创新的税收政策存在的问题

目前，虽然一系列减税措施为企业创新发展注入了新能量，助力企业创新发展驶入了"快车道"，但是相关政策在实施中仍存在一定的问题。如税收优惠政策法律依据层次较低、政策着力点较多关注产业、优惠环节具有局限性、优惠方式不合理、实施效果激励不足实感不强以及纳税服务有待加强。

（一）法律依据：层次较低

目前，我国税收优惠政策法律层次较低，并且缺乏系统性。除《企业所得税法》《个人所得税法》中少量的激励企业技术创新的税收优惠政策以外，其他相关激励企业技术创新的政策大部分是国务院、财政部和国家税务总局以暂行条例、公告、通知、补充说明等形式出现，而且政策出台较频繁、数量较多，较多文件有时间限制，带有很大的变化性，容易扭曲企业经营决策，造成企业享受优

惠政策的成本增加。

（二）着力点：多关注产业

目前税收优惠政策过多关注于产业，普惠性不足。如对符合相关条件的软件、集成电路、动漫企业给予了较多的税收优惠。但是，如果长期对某一或几个产业实施大规模的税收优惠政策，容易造成产业之间发展的不公，可能会导致其受到 WTO 补贴与反补贴的指控。同时，政府也很难选准应该着重发展的产业类型。另外，从当前我国经济发展情况来看，依靠某一产业是很难维持经济的快速增长，现阶段政府要引导的是对整个产业进行全面升级，产品质量全面提升，这就需要更多的企业具备强劲的创新能力，因此应该以建立有利于创新的政策体系为主要方向，更多侧重于创造公平竞争环境和为产业发展提供基础性支持。

（三）优惠环节：范围有限

目前，鼓励创新的税收政策应用范围有限。现行鼓励企业技术创新的税收优惠主要体现在所得税上，这种"事后优惠"适用于产业化阶段，限于已经研发出新产品、新工艺、新技术并实现成果转让取得收入的创新活动，而对研发、初试、中试、试用等创新环节和处于初创期、起步阶段的企业扶持力度不够。另外，现行支持创新的税收优惠政策主要是基于企业资质而不是基于创新活动设计的，其适用对象主要是高新技术企业，具有创新活动但尚未被认定为高技术企业，无法享受优惠政策。当前，新模式、新业态不断涌现，按照原来的评定标准，很多新创办的科技型企业尤其是科技服务企业根本无法被认定为国家高新技术企业，因而不能享受税收优惠。

（四）优惠方式：不甚合理

目前，我国税收优惠多采用税收减免、税率优惠等直接方式，占比高达 59.8%（如表 3-2）。税前扣除、加速折旧、延期纳税、亏损结转等间接优惠方式运用不多，所占比例较低。直接优惠方式主要侧重于事后优惠和直接激励，如果企业研发失败，就享受不到优惠。间接优惠则侧重于事前优惠和间接激励，具有先期性和导向性，可以使企业在投资的初期就享受到税收优惠的利益，能够使企业把享受到的税收利益多寡与企业税前的某些具体的投资活动联系起来，通过影响税基，间接地调节和引导企业投资行为，针对性强，方式灵活多样。因此，我国应更多采用间接优惠方式调动企业研发创新的积极性。

表 3-2　当前我国促进企业技术创新的税收优惠政策方式分布

优惠方式	数量（个）2008—2015	比例 (%)	数量（个）2017 年	比例 (%)
免征	26	37.1	24	31.2
减征	14	20.0	13	16.9
税率优惠	11	15.7	9	11.7
税前扣除 / 加计扣除	8	11.4	8	10.4
加速折旧	3	4.3	5	6.5
投资抵免	2	2.9	4	5.2
先征后退 / 即征即退	6	8.6	7	9.1
延期纳税	–	–	7	9.1

（五）实施效果：激励不足实感不强

目前，由于相关税收优惠政策缺失、不合理、落实不到位、适用条件苛刻等，使得激励作用有限，企业享受政策实感不强。一是我国对创建高端实验室、孵化器等创新平台的税收优惠力度较小，不利于创新平台更好地为企业提供相关专业服务和资源。二是目前税收政策缺失、不合理不利于人力资本素质提高和高端人才合理利用，不能有效培养人才和激发科研人才创新，以此较难提高企业创新的动力和能力。例如，尽管已经出台了对符合条件的非上市公司股票期权、股权期权、限制性股票和股权奖励实行递延纳税等相关激励人才创新的税收优惠政策，但由于享受对象范围有限、审批手续复杂等，政策执行效果大打折扣。同时省级以下政府部门及企业颁发的科技发明奖金仍需缴纳个人所得税，这种规定不利于调动中小企业科研人员的发明创造的积极性，抑制了中小企业的技术创新，不利于推动中小企业的技术进步。三是研发费用相关规定不合理不利于鼓励企业研发投入。企业委托外部机构或个人开展研发活动，根据规定仅将研发活动发生费用的80%作为加计扣除基数。目前委托研发越来越多，基数低将影响企业研发的积极性。除此之外，委托研发费用由委托方扣除，但是现实中，如果委托方为事业单位或社会组织，委托方不需要加计扣除，受托方也无法加计扣除。四是与技术咨询、技术服务或开发相关的所得税优惠较少，不利于相关活动的产生。五是技术转让所得税优惠政策范围太窄，不适用于专利实施许可合同、专利申请权转让合同、技术秘密转让合同，不利于企业间技术转让。六是创投企业税收优惠政策在持有期限等方面要求过于苛刻，导致企业很难享受到相关政策，不利于鼓励创投企业为企业创新行为提供资金保障，激励效果不足。

（六）纳税服务：有待加强

目前，由于税务机关相关纳税服务仍不到位，使得企业无法享受到相关创新税收优惠政策。例如由于政策宣传不充分，税务部门减免服务主动性不够，部分企业表示并不太了解相关减税政策；政府部门间的衔接不够，信息共享不足，使得一些优惠对象认定标准不统一；相关规定过于严格、办理手续繁杂等导致企业执行成本较高，使得企业放弃享受相关税收优惠政策。这些原因的存在影响了减负效应的发挥，使得部分企业无法享受鼓励企业技术创新的税收优惠政策。

专栏 2　　税收优惠政策鼓励企业技术创新的实证分析

　　相关学者对我国税收激励政策对企业研发支出 R&D 的整体有效性进行了实证分析。同时也实证分析了不同税种、不同优惠方式对我国高新企业研发投入的影响。根据回归结果可以看出，我国税收优惠政策对高新技术企业研发投入有一定的激励效果。但是由于我国税收优惠政策设计不合理、政策落实不到位等原因，目前税收优惠政策激励企业研发投入的作用还不足，激励效果尚未完全发挥，需要进一步优化相关税收优惠政策。通过构建支持覆盖创新活动全过程的开放性立体式税收政策生态体系，充分发挥税收优惠政策促进企业技术创新的效应。

　　从不同税种、不同优惠方式对高新技术企业研发投入的影响来看，所得税优惠比增值税和其他税种对于企业研发创新投入有更大的激励作用（如下表）。将高新技术企业所得税减免和研发费用加计扣除所得税减免分别看作是税率式优惠和税基式优惠、直接优惠和间接优惠的代表性方式。相比高新技术企业税率优惠方式，企业所得税优惠中的研发费用加计扣除方式与企业的研发经费投入具有更大的相关性，从而在一定程度上反映了直接优惠与间接优惠、税率式优惠与税基式优惠政策在实施效果方面之间的差异。

表　税收优惠对企业研发投入的作用效果排序

	高 ──────→ 低					
研发 支出	加计 扣除	所得税 优惠	总额 优惠	其他税 优惠	增值税 优惠	所得税 税率优惠

　　可见，目前我国主要采取的减免税的税收优惠方式，虽然具有很大的优惠幅度，但对于企业的研发创新活动投入的激励作用却十分有限。[①]

---

　　① 例如，一些投资额度大、投资回收期长的研发项目，并不能从定期减免或所得税优惠税率中获得较大的利益。政策的受益主体更可能直接进行技术引进，或是推行短期、投机性的研发项目的企业，从而成为部分企业进行税收筹划安排的重要机会，以形式上的合法性带来实质上的政府税收流失等问题。

所以，在优惠政策的设计上应当注重强调间接优惠方式的运用。与此同时，增值税优惠对于企业的研发投入和产出都具有显著的相关性，但是目前作为我国第一大税种，增值税激励企业研发投入的税收优惠政策较少，与其主体税种的地位不想符合，未来在构建和完善鼓励企业技术创新的税收政策体系时应加大增值税的优惠力度。

资料来源：作者根据相关文献进行总结。

四、完善鼓励企业技术创新税收政策体系的建议

（一）总体思路

构建和完善鼓励企业技术创新的税收政策体系，应结合企业技术创新所处的阶段和环节，灵活运用税收减免、降低税率、税前扣除、亏损结转、加速折旧、加计扣除、投资抵免、提取科研开发准备金、先征后返等税收优惠方式，形成支持覆盖创新活动全过程的开放性立体式税收政策生态体系。逐步改变当前以所得税为主的税收优惠政策，通过加大对流转环节的税收优惠力度，对研发、初试、中试、试用、产业化等创新环节以及给企业特别是给处于种子期、起步阶段的企业以更多实惠。为了更好的激励企业技术创新，政策优惠体系应覆盖创新生态系统的各方面。既要注重直接针对创新企业本身，又要注重针对创业投资机构、创新平台、提供融资服务的银行和担保机构；既要注重发挥企业作为市场主体的竞争效应，又要注重提高创新要素配置效率，调动科研人员积极性创造性的能动作用、引导资本向创新领域配置。在逐步完善鼓励企业技术创新税收政策体系的关键阶段，税收优惠政策体系的构建应该普惠式和特惠式相结合，政策优惠体系重视对小微企业的普惠式支持的同时，还需要针对高科技产业、创新资源集聚地区给予特惠式倾斜。

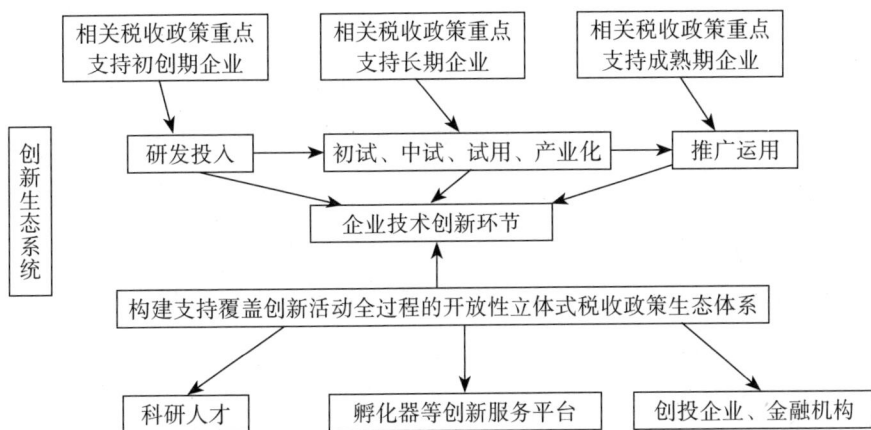

图 3-1 构建和完善鼓励企业技术创新税收政策生态体系的逻辑图

（二）构建开放性立体式税收政策生态体系的政策建议

1. 完善各创新环节的税收优惠政策

构建和完善鼓励企业技术创新的税收优惠政策，主要从企业研发投入，新技术新产品初试、中试、试用、产业化以及推广运用等环节入手。与此同时，促进企业加快研发投入的税收政策，促进新技术新产品初试、中试、试用、产业化的税收政策以及促进科技产品推广运用的税收政策也主要是分别重点支持初创期、成长期以及成熟期企业的发展。

（1）促进企业加快研发投入的税收优惠政策

完善研发费用加计扣除政策。根据发达国家先进经验，可进一步普惠式提高企业研发费用加计扣除的比例。积极研究亏损企业研发费用加计扣除的办法。尽快落实企业委托境外研发费用加计扣除政策，并提高委托研发费用加计扣除的基数。同时委托研发时，委托方无法扣除时，可允许受托方部分扣除。

建立科技开发准备金制度。对有自主创新意愿但经济实力不足的企业，以及从事研究特定尖端技术的企业，允许按研发费用的一定比例提取科技开发风险准备金、技术开发准备金、新产品试制准备金、亏损准备金等，以弥补科研开发可能造成的损失，确保研究开发的资金保证。具体可按照研发费用的 5% 提取技术开发准备金，允许税前扣除，实行专款专用，只能用于企业研究开发、技术革新和技术培训等方面，逾期不用，应补税并加收利息。

实施企业创新再投资减免税政策。企业自主创新投资取得的收益再用于从事国家需要重点扶持和鼓励的创新投资项目，经营期不少于 5 年的，允许这部分收益享受再投资退税的优惠。

鼓励向企业技术创新捐赠的税收政策。从鼓励社会向企业创新行为捐赠的角度，应允许企事业单位、社会团体，通过公益性的社会团体和国家机关向科技型企业技术创新基金（经省级以上人民政府批准设立的）的捐赠，应比照公益性捐赠予以税前扣除。对企业、个人和社会团体向企业科研机构的捐赠，准予其按实际捐赠额在企业或个人所得税前列支，而不必设置允许税前列支的最高捐赠限额。同时，捐赠收入不列入被捐赠企业应纳税所得额中。

（2）促进新技术新产品初试、中试、试用、产业化的税收优惠政策

完善科技成果转化税收优惠政策。将技术咨询、技术服务或开发相关的所得纳入所得税减免范围；将专利实施许可合同、专利申请权转让合同、技术秘密转让合同纳入技术转让所得税优惠政策范围内；给予个人技术入股免税待遇；为了促进专利技术快速产业化，探索实施专利盒制度，原则上对递交专利申请的创新企业提供一定的税收减免措施，即企业因其专利发明获取的利润，减按较低税率征收企业所得税；对企业创新过程中的中间产品、初试产品、中试产品、试用产品适用减免税政策，从而加快创新成果的形成和产业化。

实施新技术产业化资产投资免税制度。为了促进新技术的产业化，允许企业新技术产业化当年将投资额的一定比例从企业应纳税

所得额中扣除，或者将该部分作为特别折旧计入损耗之中，从而通过减少企业所得税的计税基础降低税负，促进新技术产业化。

加大对企业创新活动出现亏损的减免税支持力度。企业创新投资项目的损失，应允许用以前一定年度的利润弥补当年亏损而退回以前年度已纳的所得税，向前结转的亏损弥补期可以为3—5年。

完善高新技术企业、科技中小企业税收优惠政策。加快落实新修订的高新技术企业认定管理办法，充分考虑新模式、新业态的涌现，支持互联网企业等具有新模式、新业态的企业申请高新技术企业认定并享受相关政策。

促进战略性新兴产业发展的税收政策。首先，减免战略性新兴产业的企业所得税。对符合条件的战略性新兴产业减按15%的税率征收企业所得税，对关系重大经济安全的新兴产业免征企业所得税，对新办的符合条件的战略性新兴产业，自获利年度起实行两免三减半政策。其次，出台鼓励金融资本支持战略性新兴产业发展的税收政策。适当减免为战略性新兴产业项目提供贷款的商业银行利息收入的增值税；投资于战略性新兴产业的创业投资企业发生损失时，允许用以前一定年度的利润弥补当年亏损，并退回以前年度已经交纳的企业所得税。

（3）促进科技产品推广运用的税收政策

需要运用税收政策调整消费者的需求结构，鼓励和扩大消费者对企业创新产品的消费。一是为了增强对高科技企业的风险补偿，可以对国家鼓励的高新技术企业的增值税一般纳税人销售其自行开发生产的科技产品，按16%的法定税率征税；若纳税人在纳税年度内盈利，对其增值税实际税负超过3%的部分实行即征即退；若纳税人在纳税年度内亏损，对其增值税实行即征即退。对属于培育期的战略性新兴产业的增值税一般纳税人销售其自行生产的产品，在培育期内实行增值税即征即退政策。由于增值税具有税负转嫁的特点，通过实行即征即退的政策，使得消费者购买高科技企业、战略性新兴产业生产的产品所承担的税负下降，可以起到鼓励消费和扩大消费的作用。另外，纳税人销售该产品并随同销售一并取得的安装费、维护费、培训费等收入，应按照增值税混合销售的有关规定征收增值税，并可享受该产品增值税即征即退政策。退还的税款，由企业用于扩大再生产，不作为企业所得税应税收入，不予征收企业所得税。二是企业购置并实际使用战略性新兴产业生产的设备或国内自主创新研发的设备，该设备的投资额的 10% 可以从企业当年的应纳税额中抵免；当年不足抵免的，可以在以后 5 个纳税年度结转抵免。企事业单位购进战略性新兴产业生产的产品，凡符合固定资产或无形资产确认条件的，可以按照固定资产或无形资产进行核算，经主管税务机关核准，其折旧或摊销年限可以适当缩短。三是考虑对部分国家主导企业自主研发的产品实行更低的增值税税率，或者在最终环节予以免税或实行零税率来起到鼓励消费和扩大消费的作用。

2. 鼓励创新人才为企业提供智力支持的税收政策

积极发挥税收调节分配的功能并加快完善激励人力资本提高的税收优惠政策，促进人力资源为企业提供更好的创新服务。一是对主要研发人员因科研成果转让所获得的奖金、省级以下政府和企业颁发的重大技术成就奖和技术进步奖、对高新技术企业引进企业急需的技术人才发放的一次性津贴或安家费等奖励和补贴免征个人所得税。二是对科技创新型企业中高级人才所持有本企业的股权获得的股息红利所得减半征收个人所得税；科技创新型企业的自然人股东在将未分配利润转作公司资本金时，暂不征收个人所得税，以鼓励高技术人才创新创业。三是落实提高一般企业职工教育经费税前扣除比例的同时，进一步提高高新技术企业和科技中小企业职工教育经费税前扣除的比例，从而鼓励企业进行人力资本投资。四是实施外国技术人才的所得税减免制度。为了促进企业技术创新，对于外国技术人才受雇佣在本国企业、研究院或者相关机构从事企业技术开发的员工，给予5年的所得税减免。

3. 完善对创投企业、金融机构的税收优惠政策

实施资本向企业创新行为聚集的税收优惠政策，能够为企业创新积累发展资本，进一步促进企业开展研发活动。如适当放宽对提供资金、非货币性资产投资的创投企业享受抵扣应纳税所得额税收优惠政策的条件。加快落实将创业投资企业和天使投资个人有关税收政策推广至全国。允许以非货币性资产对外投资确认的非货币性资产转让所得免缴部分企业所得税和个人所得税。

4. 加大对创新平台的税收优惠力度

为鼓励孵化器、科技园更好地为孵化企业提供专业服务和资源，需要进一步加大对孵化器、科技园等大型创新平台税收优惠的力度。如对符合一定条件的营利性大学科技园、孵化器的收入免征部分企业所得税。

5. 进一步优化纳税服务

加强制度供给，建立多元化纳税服务体系，优化纳税服务和提升服务质量，推行"一站式"办理和拓展办税渠道，进一步降低办税成本。与此同时，提高政策的可操作性，解决政策"最后一公里"问题。加大对税收政策的宣传力度，组建"辅导队"精准实施宣传辅导。税务机关还要做好减税效应的统计和分析工作，加强监督检查。通过专项督导、执法督察、绩效考评等方式跟踪问效和监督问责，确保减税优惠政策落实到位。

（执笔人：刘方）

区域与国际篇

第四章　京津冀距离建成
世界级城市群有多远?

　　《京津冀协同规划纲要》提出建设世界级城市群的目标,京津冀建设世界级城市群迅速成为政府和学术界关注的热点话题。从世界级城市群的概念和特征出发,构建了世界级城市群的评价标准和指标体系,对京津冀建设世界级城市群实施定量评价,发现城市密度不高、经济仍然不强、分工联系不畅等系统层面与世界级城市群还有差距,并动态预测了2033年能够实现建成世界级城市群的目标。在此基础上,分析了京津冀距离建成世界级城市群存在阶段性原因、结构性原因和制度性原因,最后提出了对策建议。

　　京津冀协同发展是十八大以来我国三大区域战略之一,京津冀城市群与长三角城市群、珠三角城市群并列为我国三大沿海发达城市群,是我国区域经济发展的战略热点地区。京津冀地域面积21.6万平方公里,人口1.1亿,是我国经济最具活力、开放程度最高、创新能力最强、吸纳人口最多的区域之一。2016年,京津冀城市群外商直接投资占全国25%、研发经费支出占全国15%,以全国2.3%的国土面积,承载了全国8%的人口,贡献了全国10%的国内生产总值,已经成为支撑我国参与国际竞争的重要载体。2015年,中共中央政治局会议审议通过《京津冀协同发展规划纲要》，提出以首都为核心的世界级城市群的功能定位。2016 年出台的"十三五"规划纲要中，明确提出"建设京津冀、长三角、珠三角世界级城市群"的目标。2017 年，中共中央国务院对《北京城市总体规划（2016—2035 年）》的批复，再次明确提出"发挥北京的辐射带动作用，打造以首都为核心的世界级城市群"。

从城市群发展现状来看，京津冀已经初步具备了建设世界级城市群的组合条件：（1）世界大国型核心城市群决定京津冀具备建设世界级城市群的基础条件。世界级城市群与所在国家的经济体量密切相关，公认的六大世界级城市群全部位于世界前六大经济体内。京津冀作为我国首都型大国城市群，具备建成世界级城市群的基础条件。（2）人口多、面积大、经济强，具备成长为世界级城市群的巨大潜力。京津冀城市群与六大世界级城市群相比，覆盖面积和人口规模分别仅次于北美五大湖城市群、长三角城市群，位于第二位，2017 年 GDP 达到 8.3 万亿元，发展潜力巨大。（3）全球影响力突出，满足了世界级城市群的基本要求。以北京和天津两个超大城市为核心，拥有天津港、唐山港两个位列世界前十的巨型港口和吞吐量位列世界第二位的首都国际机场，北京拥有世界 500 强企业总部数量连续五年位居世界城市榜首，具备了较强的国际影响力和辐射能力，基本满足了世界级城市群对核心城市和国际影响力的要求。（4）国家三大战略之一，优先发展的政策优势突出。京津冀协同发展是我国三大区域战略之一，在基础设施建设、产业协作分工和生态共建共享等方面具有优先配置的制度优势。2010—2015 年，京津冀城市群人口增量和增幅均位列五大城市群之首，比国内其他城市群发展速度快、势头足。

虽然京津冀已经提出了建设世界级城市群的战略目标，但客观来说，京津冀距离建成世界级城市群目标的差距还很远。现有关于京津冀建设世界级城市群的研究还较少，仅有59篇研究文献，主要集中从单一维度探讨京津冀建设世界级城市群的交通布局、产业发展、人口分布等或者从宏观维度探讨京津冀建设世界级城市群的现状和问题，定性研究多、定量研究少。本章将从定量和定性相结合的角度出发，研究京津冀建设世界级城市群存在哪些突出短板？短板有多短？短板产生的原因是什么？什么时候能够建成世界级城市群？最后针对性地提出对策建议，为京津冀建设世界级城市群的理论和实践提供研究支撑。

一、世界级城市群的评价标准与指标体系

（一）世界级城市群的评价标准

1.世界级城市群的主要特征

世界级城市群概念最早由法国地理学家戈特曼于1961年在《城市群：美国城市化的东北部海岸》中提出，此后经过学者们不断丰富和完善，形成了普遍认可的世界级城市群概念，主要特征表现为：区域内城市高度密集，人口规模巨大，城市间具有建立在分工明确、各具特色、优势互补基础上的密切经济联系，在政治、经济、文化等领域具有广泛的控制力和影响力，是一个国家和地区经济最活跃、最重要的区域。总结来看，世界级城市群具有五大特征：（1）城市分布密集；（2）人口规模巨大；（3）经济地位核心；（4）国际影响力突出；（5）内部联系密切。

2.世界级城市群的评价标准

目前世界上已经形成六大世界级城市群，包括以纽约为中心的

美国东北部大西洋沿岸城市群、以芝加哥为中心的北美五大湖城市群、以东京为中心的日本太平洋沿岸城市群、以巴黎为中心的欧洲西北部城市群、以伦敦为核心的英国东南部城市群和以上海为中心的长三角城市群。世界级城市群涉及多个国家、地区和城市，用来定量计算的统计数据搜集难度大，统计数据标准不一致。为了定量测算京津冀建设世界级城市群的短板，本章在遵循数据代表性、数据易得性和数据可靠性的前提下，通过梳理相关研究文献，制定了对应世界级城市群五大特征的十个评价指标及其标准数值（见图 5–1），具体评价标准具体如下：

（1）城市分布密集指标。城市建成区面积一般应达到 5 万平方千米以上。

（2）人口规模巨大指标。包括城镇人口规模大于 2500 万、人口全国占比达到 15% 以上两个细分指标。

（3）经济地位核心指标。包括 GDP 总量大于 2 万亿美元、GDP 全国占比 15% 以上、人均 GDP 达到 3 万美元以上三个细分指标。

（4）国际影响力突出指标。包括 1 个以上全球城市、1 个以上国际贸易大港、核心城市 2000 强企业总部集聚度在 50 以上（本指标是根据唐子来 2015 年研究数据，计算世界六大城市群核心城市的 2000 强企业总部集聚度所得）三个细分指标。

（5）内部联系密切指标。利用人均地区生产总值的标准差变异系数，衡量城市群内部一体化程度，根据对其他世界级城市群的测算结果，取一般值 0.36 为标准。

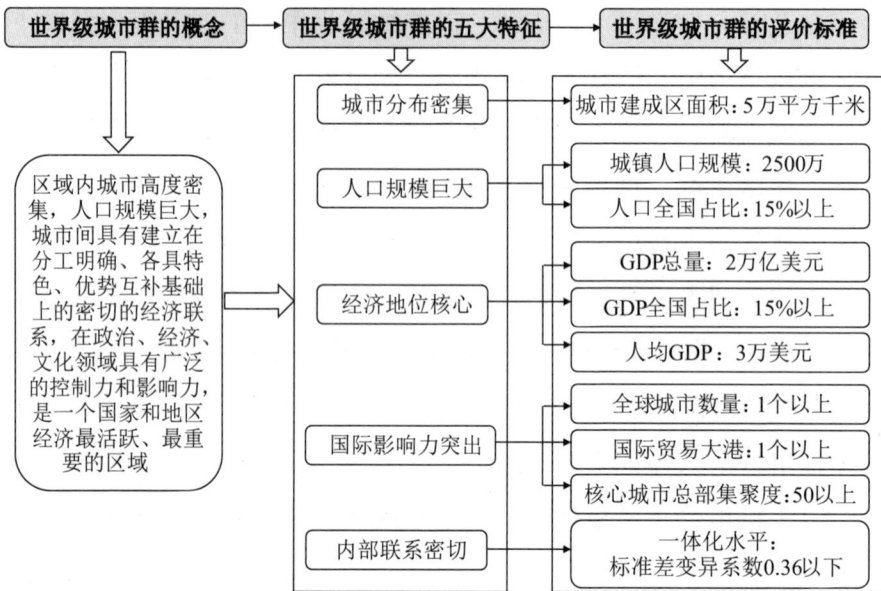

图 4-1　世界级城市群的评价标准

资料来源：作者自绘。

（二）世界级城市群的评价体系

1. 评价体系的测度方法

为了克服多指标变量间的信息重叠和人为确定权重的主观性，本文运用熵值法，按照世界级城市群的评价标准对京津冀城市群进行综合评价。熵是源于热力学的物理概念，后经申农（C.E. Shannon）引入信息论，现已广泛应用于社会经济研究领域。若某项指标的指标变异程度越大，熵越小，该指标提供的信息量越大，其权重也应越大；反之，某项指标的指标变异程度越小，熵越大，该指标提供的信息量越小，其权重也越小。熵值法能够深刻反映指标信息熵值的效用价值，所给出的指标权重比层次分析法和专家经验评估法有更高的可信度，适合对多元指标进行综合评价，其主要步骤为：

（1）构建原始指标数据矩阵：构建有 6 个待评方案，10 项评价指标构成的原始数据矩阵$X = \{x_{ij}\}_{m \times n}(0 \leq i \leq m, \ 0 \leq j \leq n)$，则 x_{ij}为第 i 个待评方案第 j 个指标的指标值。

（2）数据标准化处理：由于各指标的量纲、数量级及指标正负取向均有差异，需对初始数据进行标准化处理。设评价指标 j 的理想值为x_j^*，其大小因评价性质而异。对于正向评价指标，x_j^*越大越好，记为x_{jmax}^*；对于逆向指标，x_j^*越小越好，记为x_{jmin}^*。定义$x_{ij}^{'}$为x_{ij}对于x_j^*的接近度。对于正向指标，$x_{ij}^{'} = x_{ij}/x_{jmax}^*$；对于逆向指标，$x_{ij}^{'} = x_{ij}/x_{jmin}^*$。定义标准化矩阵：$Y = \{y_{ij}\}_{m \times n}$，其中，$y_{ij} = x_{ij}^{'}/\sum x_{ij}^{'}$，$0 \leqslant y_{ij} \leqslant 1$。

（3）计算评价指标的熵值：$e_i = -k \sum y_{ij} \ln y_{ij}$，令$K = 1/\ln m$，则$e_j = (-1/\ln m)\sum y_{ij} \ln y_{ij}$。

（4）计算评价指标的差异性系数：$g_i = 1 - e_i$。

（5）定义评价指标的权重：$w_j = g_i/\sum g_i$。

（6）计算样本的评价值：用第 j 项指标权重 w_j 与标准化矩阵中第 i 个样本第 j 项评价指标接近度$x_{ij}^{'}$的乘积作为x_{ij}的评价值f_{ij}，即$f_{ij} = w_j \times x_{ij}^{'}$，第 i 个样本的评价值$f_i = \sum f_{ij}$。

2. 评价体系的数据来源

城市建成区面积来自《中国城市统计年鉴（2016）》，城镇人口规模、人口全国占比、GDP 总量、GDP 占全国比重、人均 GDP 来自《中国统计年鉴（2017）》或者根据《中国统计年鉴（2017）》数据计算所得，全球城市数量定义为北京 1 个，国际贸易大港定义为天津港和唐山港 2 个，核心城市 2000 强企业总部集聚度根据唐子来数据计算所得，城市一体化水平根据人均地区生产总值的标准差变异系数计算所得。

3. 评价指标体系的构建

根据世界级城市群评价体系的测度步骤，首先，对世界级城市群 10 项指标 2007—2016 年原始数据进行标准化处理；其次，根据标准化的数据，采用熵值法计算公式，计算出每个单项指标的熵值 e_i；最后，分别计算 10 项评价指标的差异性系数，进而计算各项指标的权重 w_j，获得世界级城市群的评价指标体系（见表 4-1）。

表 4-1　世界级城市群的评价指标体系

目标层	系统层	指标层	权重
世界级城市群的评判标准（1）	城市分布密集（0.16）	城市建成区面积	0.16
	人口规模巨大（0.14）	城镇人口规模	0.09
		人口全国占比	0.05
	经济地位核心（0.23）	GDP 总量	0.07
		GDP 占全国比重	0.05
		人均 GDP	0.11
	国际影响力突出（0.26）	全球城市数量	0.07
		国际贸易大港数量	0.04
		核心城市 2000 强企业总部集聚度	0.15
	内部联系密切（0.21）	城市群一体化水平	0.21

资料来源：作者自绘。

从评价指标权重分布来看，系统层指标中，国际影响力权重最高，达到 0.26，经济地位核心和内部联系密切的权重也较高，分别达到 0.23、0.21，城市分布密集和人口规模巨大所占权重较低，分别为 0.16、0.14，说明对京津冀建设世界级城市群的影响较小。指标层十大指标中，城市群一体化水平和城市建成区面积两个指标，由于是单一指标的原因权重较高，分别为 0.21、0.16，其他指标中，核心城市 2000 强企业总部集聚度较高，达到 0.15，国际贸易大港数量、人口全国占比等指标权重较低，分别只有 0.04 和 0.05。

二、京津冀建设世界级城市群的差距识别

（一）京津冀建设世界级城市群的差距识别

1. 系统层面的三大差距

根据世界级城市群的评价指标体系，利用 2016 年京津冀城市群 10 大细分指标的数值（表 4-2），采取评价值公式 $f_{ij} = w_j \times x'_{ij}$，计算出 2016 年京津冀建设世界级城市群的评价综合值为 0.78，距离世界级城市群的评价标准差 0.22（见图 4-2）。其中，国际影响力指标突出贡献最高，达到 0.27，城市分布密集指标贡献最低，仅为 0.06。根据各项评价值得分，可以测度京津冀建设世界级城市群的差距（见图 4-3），国际影响力和人口规模指标均已超过世界级城市群的一般要求，分别超过了 35.7%、12.5%。而城市密度指标、经济地位指标和内部联系指标三个指标，分别为 33.3%、50.0% 和 68.2%，均与世界级城市群的标准要求尚存差距。

表 4-2　2016 年京津冀城市群 10 大细分指标的数值

指标序号	指标名称	指标数值
1	城市建成区面积：万平方千米	1.7
2	城镇人口规模：万人	7158
3	人口全国占比：%	8.1
4	GDP 总量：亿美元	12054
5	GDP 占全国比重：%	10.2
6	人均 GDP：万美元/人	10758
7	全球城市数量：个	1
8	国际贸易大港数量：个	2
9	核心城市 2000 强企业总部集聚度	42
10	城市群一体化水平	0.53

资料来源：作者自绘。

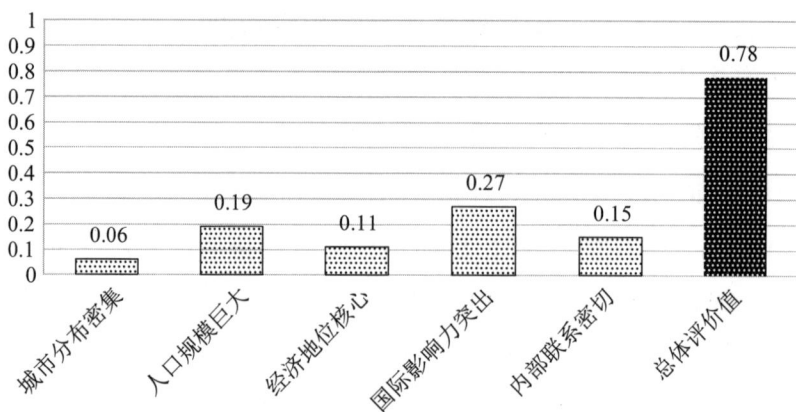

图 4-2　京津冀建设世界级城市群的各项评价值得分

资料来源：作者自绘。

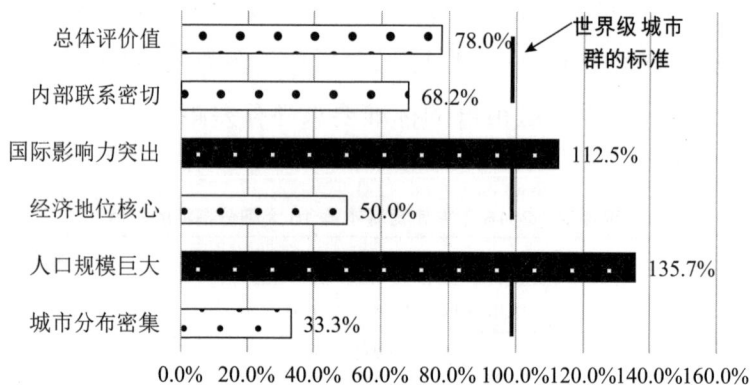

图 4-3　京津冀建设世界级城市群的短板识别

资料来源：作者自绘。

2. 指标层面的七大差距

从十个指标层面差距来看（见图 4-4），仅有国际贸易大港、全球城市数量和城镇人口规模三个指标达到了世界级城市群的标准要求，其他七项指标均不能满足世界级城市群的基本标准。其中，城市建成区面积和人均 GDP 两个发展性指标仅有世界级城市群标准的三成多，人口全国占比和城市群一体化水平两个指标也只有一半多，既反映出对全国经济集聚能力不够，也反映出城市群内部差距过大。GDP 总量和 GDP 占全国比重指标在 60%—70% 之间，表明经济发展的差距效应仍然明显。核心城市 2000 强集聚度指标为 84.0%，表明北京距离世界级城市群的核心城市的控制能力仍然有差距。

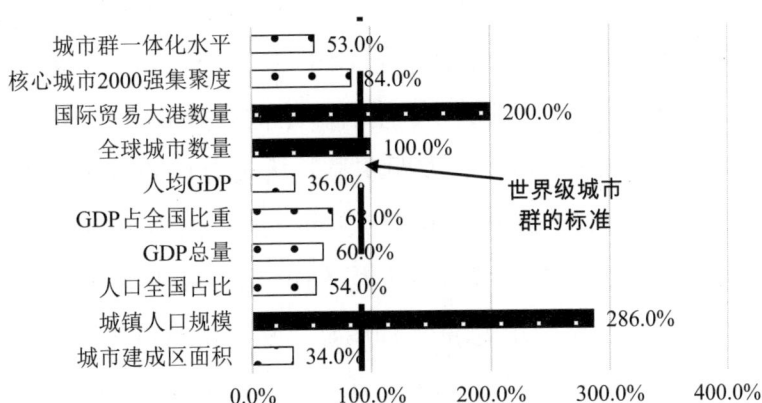

图 4-4　京津冀建设世界级城市群的具体指标差距识别

资料来源：作者自绘。

（二）京津冀与世界级城市群标准的差距特征

1. 城市密度有待提高

城市建成区面积达到 5 万平方千米是衡量世界级城市群的重要标准。当前，京津冀城市群城市建成区面积约为 1.7 万平方千米，还不及世界级城市群的一半，而长三角城市建成区面积高达 7 万平方千米。京津冀城市群除北部和西部生态功能区城市密度低之外，东南部平原地区的城市密度也不高。除了北京、天津两大核心城市外，甚至都没有一个 500 万人口的特大城市，最有希望成为特大城市的石家庄与京津差距明显，2016 年石家庄生产总值为 5857.8 亿元，仅为北京的 23%、天津的 33%。河北省 39 个国贫县和 60 多个省贫县围绕北京形成 "C" 字型的分布格局，无论是在产业、教育、医疗和交通等方面的区域发展差距悬殊，城市建成区规模较小。京津冀城镇体系中，县城数量多、规模小，导致城市发育程度不足，城市增长缓慢，城市密度有待提升。

2. 经济规模仍需壮大

世界级城市群对全球经济社会具有广泛的影响力，经济指标是衡量一个城市群是否达到世界级城市群标准的重要标准。从经济总量来看，2016 年，京津冀城市群 GDP 为 12054 美元，仅是美国东北部城市群的 GDP 总量的 1/3 左右，是世界级城市群 GDP 规模最小的长三角城市群 61.4%，差距明显。从人均 GDP 来看，2016 年，京津冀城市群人均 GDP 为 10758 美元 / 人，仅为北美五大湖城市群的 16.0%，是世界级城市群人均 GDP 规模最小的长三角城市群的 60.7%，差距比 GDP 总量更加明显。从经济密度来看，2016 年，京津冀城市群的经济密度是 558 万美元 / 平方千米，仅为英国伦敦城市群的 12.4%，是世界级城市群经济密度最小的长三角城市群的 50.5%，与世界级城市群的经济规模还有差距。

3. 分工联系仍需加强

利用世界级城市群的人均地区生产总值，计算城市群内部标准差变异系数，来反映城市群的一体化程度。从计算结果来看，英国伦敦城市群的一体化程度最高，标准差变异系数为 0.11，京津冀城市群一体化程度最低，标准差变异系数高达 0.53，反映出城市群内部差异性比较大。京津冀城市群结构性失衡导致城市群内部城市之间的联系不强，相关研究显示，京津冀城市群各城市之间的空间联系强度总体水平偏低，只有北京、天津和廊坊超过了平均水平，剩余城市的空间联系强度值低于平均水平，秦皇岛、承德和张家口的空间联系强度值甚至仅为平均水平的 1/9。此外，京津冀城市群在交通建设上还需加强协调，交通不畅已经成为制约京津冀内部通畅联系的一个瓶颈。

三、京津冀距离建成世界级城市群的差距测算与原因

（一）京津冀距离建成世界级城市群的差距测算

1. 静态情景的差距预测

根据世界级城市群的评价指标体系，分析 2006—2016 年京津冀城市群的评价指数变化，建立多项式回归模型，预测未来这一指数变化趋势，测算京津冀与世界级城市群的差距。假定世界级城市群的评价标准是静态不变的，即为 2016 年数值 1，采取世界级城市群的评价指标体系，对京津冀城市群进行趋势预测（见图 4-5、表 4-3），发现 2023 年京津冀城市群的指数首次超过 1，达到 1.04，意味着在静态标准下 2023 年京津冀城市群能够实现建成世界级城市群的目标。

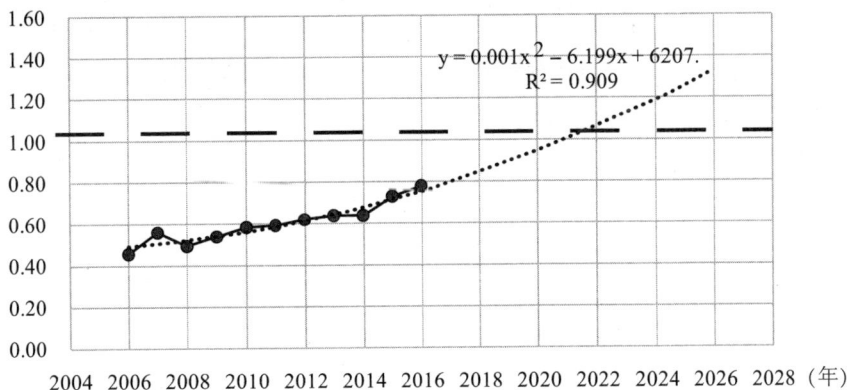

图 4-5 静态情景下京津冀建设世界级城市群评价指数趋势预测

资料来源：作者自绘。

表 4-3 静态情景下京津冀建设世界级城市群的评价指数预测

年份	2016	2017	2018	2019	2020	2021	2022	2023	2024
指数预测	0.78	0.78	0.81	0.86	0.90	0.94	0.99	1.04	1.09

资料来源：作者自绘。

2. 动态情景的差距预测

世界级城市群也在不断发展变化，静态标准下预测京津冀与世界级城市群的差距不能客观反映城市群发展演化规律，世界级城市群动态发展背景下的差距预测更能切实反映京津冀与世界级城市群的发展差距。世界级城市群发展的核心要素是经济发展，其他维度的指标均与经济发展密切相关，综合考虑近年来世界经济增速和世界级城市群所在国家的经济增速，选定世界级城市群评价指数按照每年3%的速度增长，可以测算出世界级城市群评价指数的动态变化趋势。在此基础上，将京津冀城市群按照世界级城市群评价体系的趋势预测和世界级城市群评价指数的动态趋势预测进行叠加，可以得到京津冀城市群与世界级城市群动态差距的演化趋势（见图4-6、表4-4）。动态情境下演化趋势的预测结果显示，2033年京津冀城市群指数达到1.66，首次超过世界级城市群指数1.65，意味着动态情境下2033年京津冀城市群能够实现建成世界级城市群的目标。

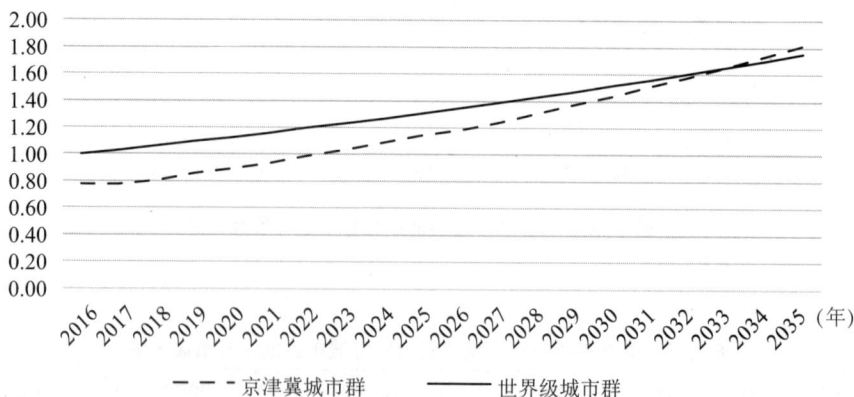

图4-6　动态情景下京津冀建设世界级城市群评价指数趋势预测

资料来源：作者自绘。

表 4-4　动态情境下京津冀建设世界级城市群的评价指数预测

年份	2016	2019	2022	2025	2028	2031	2033	2035
京津冀城市群	0.78	0.86	0.99	1.15	1.31	1.51	1.66	1.82
世界级城市群	1.00	1.09	1.19	1.30	1.43	1.56	1.65	1.75

资料来源：作者自绘。

（二）京津冀与世界级城市群目标差距的原因

1. 原因一：阶段性原因

京津冀城市群与世界级城市群目标差距首要原因是发展阶段的差异。与其他世界级城市群大多处于工业化后期或后工业化阶段不同，京津冀城市群整体仍然处于工业化和城镇化的加速发展阶段，工业化和城镇化任务尚未完成。2017 年，北京和天津三次产业结构比例分别为 0.4∶19.0∶80.6 和 1.2∶40.8∶58.0，已经进入了工业化中后期阶段，北京甚至进入了后工业化阶段。但 2017 年，河北省三次产业结构比例为 13.0∶52.1∶34.9，明显处于工业化加速发展阶段。从城镇化率来看，2017 年，京津冀城镇化率为 63.8%，河北省城镇化率仅为 53.3%，处于城镇化快速发展阶段。在这一阶段，发展仍然是京津冀城市群的核心要务，随着城市群逐步推进工业化和城镇化进程，与世界级城市群的发展差距将会不断缩小。

2. 原因二：结构性原因

京津冀城市群与世界级城市群差距最重要原因是发展不充分、不平衡的结构性原因。从京津冀城镇体系构成来看，除北京和天津规模较大外，超过 500 万人的特大城市缺失，50 万—100 万人口的中等城市也较少。河北省虽然县域 GDP 占到全省 2/3，但包括 22 个县级市和 113 个县，县级行政单元数量仅次于四川，高居全国第 2 位。县城平均人口规模仅为 10.9 万人，20 万人口以上的县城只有 12 个，占县级行政单元的比重不足 10%，尚有 60% 的县城人口不足 10 万人，甚至不如经济较发达的镇区人口规模，县小县多、实力弱、带动力不强的问题十分突出。总体来看，京津冀城市群的城镇体系出现了明显的断层，特大城市缺失和中小城镇支撑力不足并存，结构性问题导致的差距显而易见。

3. 原因三：制度性原因

京津冀城市群与世界级城市群目标差距最根本的原因是制度性原因。首先，虽然国家层面成立了"京津冀协同发展领导小组"，统筹安排京津冀城市群的协同发展问题，但从实际操作看，行政区思维管治模式并未根本改变，人口、产业、资本等生产要素无法在城市之间实现顺畅流动。其次，自上而下的统筹协调能力仍不健全，教育、医疗等公共服务设施配置的内部差距尚存，断头路等交通基础设施建设问题突出。最后，城市群市场化制度建设滞后，基于市场自发的产业协作体系和要素流动体系尚未建立，首都功能疏解和雄安新区建设等重大城市群发展事件大多是政府主导下完成的，通过市场机制调控推动城市群发展的能力仍然不强。

四、京津冀建设世界级城市群的对策建议

（一）加快推动城市群迈入高质量发展阶段

顺应世界级城市群的成长演化规律，根据京津冀城市群发展过程中面临的短板难题，以高质量发展为目标，加快建立城市群协同创新制造体系，构建"核心城市研发孵化、周边城市制造转化"的格局，推动资源型重工业主导型产业结构向高端创新制造主导型产业结构转型。着力推动城市群内部不同区域之间的规划对接，以规划协同促发展协同。聚焦创新协同，共建科创服务体系，共享科创设施资源，共同打造全球领先的科技创新高地。聚焦设施互通，加强路网互通、信息互通，推动实现数据共享开放；聚焦市场开放，

加快建设区域统一开放市场。建立城市群高质量发展的指标体系，动态监测城市群发展质量。通过实施高质量发展战略，将京津冀城市群打造成为高端人才、国际投资、科技创新和优势产业的集聚地，建设成为国际影响力突出、城市高度密集、分工联系密切、协调合作高效的城市群高质量发展的样板，推动京津冀城市群向世界级城市群不断迈进。

（二）积极塑造平衡协调的空间发展格局

根据世界级城市群对一体化发展的内在要求，以破解京津冀城市群畸形空间结构为切入点，以完善城镇空间体系为目标，加快建设以北京、天津、廊坊和保定为范围的首都都市圈，发挥首都都市圈的集聚优势，加快推动雄安新区建设，带动周边区域发展，构建共建共享共管的首都圈共同体。发挥冀中南地区发展基础好、发展空间足、集聚效应强的组合优势，加快填平补齐公共服务设施差距短板，量身定做经济发展政策，将石家庄打造成为京津冀城市群的第三极，增强石家庄对冀中南地区的带动作用。积极推动行政区划调整，推动县改区、县改市和县县合并等进程，改变县城过小对城镇体系贡献弱的难题，打造一批 50 万—100 万中等规模城市。通过实施系列空间发展举措，推动城市群空间格局持续调整优化，积极塑造平衡协调的空间发展格局。

（三）全力推动城市群关键领域改革进程

根据世界级城市群的运行机理，聚焦京津冀城市群建设世界级城市群的制度短板，按照政府引导、市场主导的发展思路，全力推动生产要素、公共服务和生态文明三大领域改革进程。加强北京、天津和河北三地生产要素整合，打破传统行政区划的壁垒限制，构建劳动力、资本、土地等一体化要素市场，促进要素自由流动和高效配置，切实形成市场发挥主导作用的城市群运作机制。加快推进公共医疗、基础教育、劳动就业、社会保障、健康养老等优质资源共建共享,加快短板区域补短板进程,推动城市群公共服务均等化,引导人口合理流动,优化城镇体系结构。加快建立水环境和大气环境的治理一体化机制,探索横向生态补偿机制,推动城市群实现绿色高效发展。通过实施关键领域的改革举措,提升城市群自我发展能力和综合竞争力。

（执笔人：王利伟）

第五章　金融危机以来国际税收竞争新形势及我国应对策略

税率对 FDI 流入呈负相关关系，发达国家税率降低对其外资的吸引效果低于发展中国家。降低公司所得税税率、扶持中小企业、增加研发等领域抵扣、地域邻近性和发展阶段近似性成为当前国际税收竞争的主要特征。金融危机以来我国亿元税收优惠在引进外资中的作用呈边际效益递减态势。我国公司所得税占 GDP 的比重高于美国、德国等发达国家。同时，由于较多的强制性缴费侵蚀了企业的利润，导致中国的总税率相对较高。我国企业降低负担空间在于减少行政收费和基金。作为大国，我国的对外税收政策应采取适度竞争、理性协调的方式，通过与国际社会的共商共建共享，促进国际税收制度的公平、有序发展。在具体的应对上，顺应世界主要国家公司所得税税率下调的趋势，整合国内已有优惠条款，将我国的企业所得税的名义税率降至 20%。大力整顿政府与事业单位税外收费与政府性基金，逐步健全市场化的地方债市场，促使地方政府财政摆脱对非税收入的财政依赖。

2008 年金融危机爆发以来，为破除危机带来的负面影响并刺激经济复苏，各国纷纷开始下调企业所得税税率和出台相关优惠政策，以图通过刺激投资来促进经济复苏和提升本国企业国际竞争力。在全球化背景下，危机后各国的减税行为也必将产生外溢效应，主动或无意中对他国的税基形成侵蚀，推动新一轮国际税收竞争的兴起。

一、国际税收竞争的基本理论、手段与效应

从国际研究来看，对税收竞争的界定一般可以从"目的与手段"和"影响与效果"两个方面进行，从目的和实施手段来看，税收竞争是有关国家为应对税基流向其他国家的可能性，而调整自身税基税率的行动。从政策影响角度来看，一般将税收政策是否具有外部效应作为判别税收竞争的标准。当某地以降低税率提供各种税收优惠等手段吸引外地的流动性要素时，势必不同程度地侵蚀其他地区的税基，若其他地区也通过提供相应的政策争夺税基，则税收竞争不可避免。综合郑雯（2002）、韩霖（2006）、邓力平（2009）研究中的定义，本章将国际税收竞争定义为主权国家或地区通过减税、降低税负、制定税收优惠政策、提供避税港等有意识或无意识的政策性措施，来吸引别国流动性税基的政策行为。

（一）国际税收竞争产生的原因与手段

国与国之间税收竞争的产生主要基于国家主权的空间范围属性与全球化的资源要素的流动属性的差异，各国在自身主权所管辖的空间范围内，制定不同的税率，采取不同的征税模式，由此导致了实际税负在国与国之间的不同，由此催生了跨国公司的全球布局与全球避税行为及国与国之间围绕吸引跨国公司投资的税收竞争。

1. 国际税收竞争产生的四个条件

国际税收竞争产生的条件主要有四个：一是经济全球化下税基的自由流动。经济全球化意味着生产要素的跨国自由流动，而生产要素又是一国税制的课税要素，资本对应的是公司所得税体系，并

附带了高端人才与技术等生产要素。经济全球化下生产要素不均衡流动，使得一国有了调整税收体系以扭转全球生产要素流动趋向的需求。二是各国或地区拥有自主的税收管辖权，使得自身能够对税收政策进行调整。三是基于国与国之间税制的差异以及各国涉外法规和国际税法上的漏洞，跨国公司有通过转移定价、国际税收筹划等行为进行避税与逃离的意愿与行动能力。四是主权国家对他国税收政策的反应，或出于竞争，或出于防御等目的，来实施降低税率、制定优惠税收措施或采取"避税天堂"模式等方法来实现自身的政策意图。正是在这四种条件下，国际税收竞争得以产生。

2. 降税率、减税基是主要的手段

影响全球生产要素流动的税收因素主要为税收负担因素和税收管制因素，而税收负担＝税率 × 税基 × 征收率。其中税率取决于法定税率水平，以及税收优惠措施中影响税率的因素，如优惠税率等；税基因素对实际税负的影响更大，这取决于一国税法的规定及税收优惠措施中对某些税基的豁免。因此，影响税收负担的因素可细分为法定税率、税基、税收优惠措施三个方面，而征收率主要取决于税收征管水平。税收管制因素则主要体现在税收的法治化水平、税收征收程序、税收有效征收的能力。理论上，较低的法定税率，不仅能对吸引全球流动生产要素起到信号作用，而且由于法定税率直接影响生产要素的实际税负大小，进而影响外国生产要素税收利润的多少。因此，在其他条件相同的情况下，一国法定税率高低与吸引外国生产要素多少成正比。税基上，由于各国在生产要素成本费用补偿、所得均衡与损失处理、投资抵免和投资支出扣除、股份收益和资本利得课税方式、起征点与豁免额的方面的不同，也导致在相似法定税率之下不同国家税基的不同，进而导致实际税负的不同，有效边际税率和有效平均税率是综合衡量税率与税基的重要指标之一。税收优惠作为一国正式税收制度的一种"例外"，财政优惠、金融优惠和其他优惠政策也可以通过影响一国的有效税率，进行对流入国内的国外生产要素数量与结构产生影响。在征收率上，有的国家尽管法定税率很高，但公司实际缴纳的税负可能很低，主要在于其征收率上，一些发展中国家，或由于税收征管的现代化手段不足无法对企业的偷税逃税等行为实施全方位的监控，或因为腐败的原因，或故意为之，导致税收征缴上并不能完全按照法定税率进行征收。

3. 公司所得税是主要竞争税种

在个人所得税领域，由于人员的迁徙相对较为复杂，且国家间对移民的限制愈发严格，对移民的财富和需要缴纳的个人所得税的数据也较难掌握，现有国家间税收的竞争主要集中在公司所得税领域，因为公司必须在严格的会计法则下运作，通常不容易隐瞒其利润。从公司所得税来看，各国均主张对国内企业利润和国内企业的全球利润进行征税。减免双重征税的方式通常有豁免或凭证方式。在经合组织内部，尽管可以通过双边税收协定给予免税，但信用凭证方式仍然占主导地位。在属地原则下，由于信用凭证的局限性，居住国通常只将国外税收抵免到国内税率。如果税收来源国的税率高于所在国，税收有效负担取决于前者而非后者。另外，所在国通常把外国收入的税收延迟到实际"遣返"。在遣返之前，这个收入只能按税收来源国的税率征税。因此，延迟从低税国家的子公司获得的利润汇回，可以为高税国家的母公司带来巨大的税收优势。在能确定公司税收有效来源地的情况下，公司既可以将利润创造活动转移至低税国家（通过 FDI 企业将生产转移至低税率国家），也可以将账面利润转移至低税国家（通过转让定价、资本弱化和其他"税务筹划"技术，用于向高附加值和高应税利润的子公司转移可抵扣的费用，并将应税利润分配至低税收国家的子公司）。因此，只有在低税国家有子公司的地方，公司才能进行利润转移。外商直接投资与跨国公司的利润转移存在着密切关系。

（二）金融危机以来国际税收竞争的特征与趋势

金融危机以来，降低税率，扩大抵扣范围成为降低公司所得税国际竞争的重要方面。为了推进经济复苏，通过税收优惠吸引外资，促进中小企业发展也成为国际税收政策的重要导向。

1. 法定公司所得税税率持续下降

2008 年金融危机以来，降低公司所得税税率成为主要国家吸引国际投资和振兴国内经济的重要政策。2008 年以来，多数 OECD 国家国家都削减了法定的公司所得税税率。欧盟现行 28 个国家公司所得税平均税率从 2007 年的 24.4% 下降到了 2018 年的 21.3%。英国的企业所得税税率从 2008 年的 30% 已经逐步下调至 2017 年的 19%。德国将企业所得税税率从危机前的 25% 将至 15%。2017 年自特朗普大幅下调公司所得税加剧了税收竞争的态势。如法国总统马克龙在竞选时提出将企业所得税税率从当前的 33% 下调至 25%，英国拟将企业所得税降至 15%。

表 5-1　金融危机以来公司所得税税率变动情况

国家	2008 年公司所得税		2017 年公司所得税		增减幅度	
	综合税率	法定税率	综合税率	法定税率	综合税率	法定税率
澳大利亚	30.00	30.00	30.00	30.00	0.00	0.00
奥地利	25.00	25.00	25.00	25.00	0.00	0.00
比利时	33.99	33.99	33.99	33.00	0.00	-0.99
加拿大	33.50	19.50	26.70	15.00	-4.50	-9.60
捷克	21.00	21.00	19.00	19.00	-2.00	-2.00

国家	2008 年公司所得税		2017 年公司所得税		增减幅度	
	综合税率	法定税率	综合税率	法定税率	综合税率	法定税率
丹麦	25.00	25.00	22.00	22.00	−3.00	−3.00
芬兰	26.00	26.00	20.00	20.00	−6.00	−3.00
法国	34.43	34.43	34.43	34.43	0.00	0.00
德国	30.18	15.83	30.18	15.83	0.00	0.00
希腊	25.00	25.00	29.00	29.00	−4.00	−4.00
匈牙利	20.00	20.00	9.00	9.00	−11.00	−11.00
冰岛	15.00	15.00	20.00	20.00	−5.00	−5.00
爱尔兰	12.50	12.50	12.50	12.50	0.00	0.00
意大利	27.50	27.50	27.81	24.00	−0.31	−3.50
日本	39.54	27.98	29.97	23.40	−9.57	−4.58
韩国	27.50	25.00	24.20	22.00	−3.30	−2.20
卢森堡	30.38	22.88	27.08	20.33	−3.30	−2.55
墨西哥	28.00	28.00	30.00	30.00	2.00	2.00
荷兰	25.50	25.50	25.00	25.00	−0.50	−0.50
新西兰	30.00	30.00	28.00	28.00	−2.00	−2.00
挪威	28.00	28.00	24.00	24.00	−4.00	−4.00
波兰	19.00	19.00	19.00	19.00	0.00	0.00
葡萄牙	26.50	25.00	29.50	28.00	3.00	3.00
斯洛伐克	19.00	19.00	21.00	21.00	2.00	2.00
西班牙	30.00	30.00	25.00	25.00	−5.00	−5.00
瑞典	28.00	28.00	22.00	22.00	−6.00	−6.00
瑞士	21.17	6.70	21.15	8.50	0.02	8.50
土耳其	20.00	20.00	20.00	20.00	0.00	0.00
英国	28.00	28.00	19.00	19.00	−9.00	−9.00
美国	39.25	35.00	38.91	35.00	−0.34	0.00

数据来源：OECD 网站。

表5-2　新兴经济体和东南亚国家的公司所得税税率变动情况

年份	2009	2010	2011	2012	2013	2014	2015	2016	2018	变化
中国	25	25	25	25	25	25	25	25	25	0
印度	33.99	33.99	32.44	32.44	33.99	33.99	34.61	34.61	34.61	0.62
巴西	34	34	34	34	34	34	34	34	34	0
俄罗斯	20	20	20	20	20	20	20	20	20	0
南非	34.55	34.55	34.55	34.55	28	28	28	28	28	−6.55
印尼	28	29	29	29	29	29	29	29	25	−3
马来西亚	25	25	25	25	25	25	24	24	24	−1
泰国	30	30	30	23	20	20	20	20	20	−10
菲律宾	30	30	30	30	30	30	30	30	30	0
越南	25	25	25	25	25	22	22	20	20	−5
柬埔寨	20	20	20	20	20	20	20	20	20	0
老挝	35	35	35	28	24	24	24	24	24	−11
巴基斯坦	35	35	35	35	35	34	33	32	31	−4
墨西哥	28	30	30	30	30	30	30	30	30	2
土耳其	20	20	20	20	20	20	20	20	22	2

资料来源：https：//zh.tradingeconomics.com/。

2. 中小型企业成为重点优惠对象

鉴于中小型企业在市场竞争中的相对弱势和对保障就业、发展经济的巨大作用，大部分国家都制定了相应的税收优惠措施，基本上覆盖了中小企业发展的各个方面：如投资抵免、加速折旧、研发费用特殊优惠、亏损弥补等政策手段。有的国家和地区甚至制定了专门的优惠税率，以支持中小企业发展。还有部分国家的地方政府制定了本辖区中小企业的低税率，如美国和加拿大。为了保证优惠政策不能被滥用，各个国家对享受优惠税率的中小企业在注册资本、企业利润、员工数额、营业额和企业控股情况等多方面均进行了限定。

3. 研发抵扣成为重点优惠的领域

金融危机以来，对科技等高端创新资源的争夺促使研发领域各国公司所得税重点扶持的对象。目前各国对研发活动的优惠政策主要采取的三种不同的方式：税收抵免、加计扣除和专利盒制度。税收抵免是在实际研发支出的基础上，乘以一定的比例直接在应纳税额中进行扣除。采取这种方式的主要有美国、法国和日本等；研发加计扣除是在企业实际研发支出的基础上，再加计一定的比例，作为计算应纳所得额的扣除数额。采取加计扣除的主要有英国、印度、匈牙利等国。专利盒覆盖整个研发周期。前期侧重税收抵免或加计扣除；后期侧重对符合一定条件的知识产权收入给予一定百分比的税前扣除或适用免税待遇。

4. 具有地域相邻性与阶段相似性

从一些国家公司所得税减税的对标国来看，围绕外商直接投资，公司所得税向下竞争的发生国，往往发生在地域相邻，发展水平和发展条件较为类似的国家和地区，因为这些国家对于外资来说具有同质性，如欧盟内部国家之间的公司所得税竞争和东南亚国家联盟内部国家之间的公司所得税竞争等便往往会发生。如2009年，越南由28%的公司所得税降至25%，下调了3个百分点，随之马来西亚也将公司所得税由26%降至25%。为防止自身在税收竞争中处于劣势，2010年印度尼西亚将公司所得税税率由28%也下调至25%。泰国随即在2012年将公司所得税税率由30%一步到位直接下调至23%，随即越南在2014年降至22%，2016年又降至20%，马来西亚在2015年降至24%。在欧盟内部，当瑞典2014年宣布将公司所得税从26.3%下调至22%时，邻近的挪威随即宣布2015年公司所得税降税率和扩大抵扣的相关措施。

（三）金融危机以来的国际税收竞争的效果分析

一般而言，影响国际投资的主要因素有经济规模、增长速度、资源禀赋、要素价格、基础设施、科技水平、投资政策、国际协定、开放程度、市场化水平、制度水平、实际利率、与母国距离、税收水平等。从税收与国际投资的关系来看，国家的税收政策不仅影响一国接受 FDI 的数量，也影响 FDI 的投资结构。根据新经济地理学的基本原理，认为影响外部流动要素流入的主要因素主要有市场规模、贸易自由化程度等核心因素，其中代表市场规模的因素主要有国内生产总值，或人口与经济发展水平；代表贸易自由化程度的因素主要为营商便利化程度；在税率上，基于数据的可得性与可比较性，笔者采用了总税率的指标，并没有使用法定税率，因为法定税率并不能完成说明税收竞争的程度①。此外，笔者选用城镇化、信息化基础设施、农业化水平作为控制变量。从国家的选择上，共选择了 27 个国家，其中 12 个为发达国家，15 个为发展中国家，时间段为 2009—2016 年。具体国别分别为：美国、德国、法国、英国、意大利、澳大利亚、加拿大、韩国、新加坡、爱尔兰、葡萄牙、西班牙、中国、印度、巴西、俄罗斯、南非、印度尼西亚、马来西亚、泰国、菲律宾、越南、柬埔寨、老挝、巴基斯坦、墨西哥、土耳其。

---

①　总税率指标（占商业利润的百分比）主要用来度量企业在说明准予扣减和减免后的应缴税额和强制性缴费额占商业利润的比例。其中，扣缴税款（如个人所得税）或收缴和汇给税务部门的税款（如增值税、销售税或商品及服务税）不包括在内。由于企业在扣除流转税与代为缴纳的个人所得税之后，主要剩余的税种为公司所得税和资本利得税、股票红利税等小税种及所应缴纳的相关费用（不能通过流转税进行转嫁的费用）。降低公司所得税税率，那么企业所缴纳的直接税与利润的占比将会下降，也就是世行总税率这一指标下降。对于发达国家而言，由于税制现代化程度比较高，主要是公司所得税和资本利得税、股票红利税等直接税税收占公司利润比重。从发展中国家来看，除了公司所得税等相关税种之外，还含不少基金、行政性收费等强制性缴费项目。总之，世界银行的总税率指标主要衡量的是企业缴纳直接税费占企业商业利润的比重，也就是公司直接税的税收负担，略微大于公司所得税占企业利润的比重。

$$FDI = C + \beta_1 TAX + \beta_2 PGDP + \beta_3 POP + \beta_4 INF + \beta_5 TRA + \beta_6 RATE + \mu$$

$$FDI = C + \beta_1 TAX + \beta_2 GDP + \beta_3 INF + \beta_4 TRA + \beta_5 RATE + \mu$$

FDI 为外商直接投资，数据来源于联合国贸发会议数据库。

GDP 为当年折合为美元后的生产总值，数据来源于世界银行数据库。预计该指标为正相关，即 GDP 规模越大，则越有助于吸引外资。

INF 为营商便利化指数，数值越小，表示营商便利化程度越高，数据来源于世界银行。预计该指标数值与 FDI 数值为负相关，即营商便利化程度越高，则越有利于集聚国外资本。

TAX 为总税率，数据来源于世界银行。预计该指标与 FDI 指标为负相关，即总税率越高，则 FDI 流入水平则越低。

URB 为城镇化，度量国家的发展阶段和内部需求水平，数据来源于世界银行。该指标即可以从侧面反映农村人口比重，也可以说明城镇的基础设施水平。城镇化率越高，则农村廉价劳动力和过剩劳动力则越少，城镇的基础设施水平越高，则越不利于吸引跨国工商业企业对基础设施和工业领域的投资。

TRA 为货物与贸易出口占 GDP 比重，预计符合为正，数据来源于世界银行。

POP 为国家人口规模，用来衡量市场规模，数据来源世界银行。预计指标与 FDI 的关系为正相关关系，即人口规模越大，市场规模越高，则越有利于外资的流入。

PGDP 为人均生产总值，用来衡量经济发展水平，预计与 FDI 的关系为正相关，生产效率越高，单位成本越低。经济发展水平越高，各项制度就越健全。数据来源于世界银行。

RATE 为生产总值增速，用来衡量经济发展前景，计算中滞后一期，预计与 FDI 关系为正相关，经济发展速度越高，则越容易

集聚 FDI。数据来源于世界银行。

测算发现：首先，在全部样本下，总税率对 FDI 流入呈负相关，符合我们的预期，说明公司直接税费负担率越高，就是公司所得税与公司强制缴纳的行政收费占公司利润的比重越高，越不利于一国集聚国际外部生产要素。发达国家公司直接税费负担率的变化对其吸引外资的效果低于发展中国家的税率变化。发展中国家的经济发展水平和人口是 FDI 投资的重要考量因素，发展中国家的平均水平高于发达国家水平。发达国家城镇化水平越高越有利于集聚外部资本；发展中国家则是城镇化水平越低则其集聚外部资本的能力越强。原因可能在于对发展中国家的投资主要是利用其农村剩余劳动力，如果城镇化水平越高，则农村剩余劳动力则越少，劳动力成本便越高。尽管营商环境指数符号符合预期，遗憾的是其并不显著。此外，出口占 GDP 比重也不显著，且正在发达国家和发展中国家也存在较大的不同。经济发展增速也不显著。

表 5-3　总税率与外商直接投资的数量关系

变量	全部国家	全部国家	发达国家	发达国家	发展中国家	发展中国家
C	−3.46	−43.06	−6.07	−13.17 **	−8.96	−67.04 *
LOG（TAX）	−1.97 ***	−1.92 **	−1.05 **	−0.76 **	−2.07 ***	−2.1 ***
LOG（GDP）	1.34 ***		0.47 ***		1.91 ***	
LOG（POP）		3.81		0.30 **		5.48 **
LOG（PGDP）		1.31 ***		1.57 ***		1.95 ***
LOG（TRA）	0.25	0.41	−0.28	−0.39	0.05	0.21

续表

变量	全部国家	全部国家	发达国家	发达国家	发展中国家	发展中国家
LOG（URB）	−4.06 *	−5.32 *	2.00 *	1.50	−6.34 ***	−8.55 ***
LOG（INF）	−0.12	−0.13	−0.27	−0.27	−0.15	0.12
RATE	−0.033 *	−0.035 **	−0.03 **	−0.05 *	−0.020	−0.027
DW	2.46	2.47	1.81	2.12	1.99	2.02
R−squared	0.85	0.86	0.3456	0.56	0.95	0.95
样本国家	27	27	20	12	14	15
采用模型	个体固定效应	个体固定效应	混合截面模型	混合截面模型	个体固定效应	个体固定效应

　　注：* 为 1% 以下显著，** 为 5% 以下显著，*** 为 10% 以下显著。需要说明的是，在运用个体固定效应模型对发达国家进行计量模型回归中，F 检验的值分别为 0.03 和 0.08（考虑人均 GDP 和人口的模型），对于 0.08 而言，是很难拒绝混合截面模型比其更为合适的假设，因此对发达国家的模型我们采用了混合截面模型。

二、公司所得税与我国参与国际税收竞争的策略

　　金融危机以来，我国也采取了一系列减税刺激政策，以扩大 FDI 规模。对比加入世贸组织以来我国的税收优惠政策在吸引 FDI 上的效果可以看出，尽管税收优惠依旧在发挥一定程度的作用，但其边际效率正呈下降态势。随着中国成为世界第二大经济体和投资大国，中国巨大的市场规模所形成吸引力正成为全球 FDI 流入的重要因素。

　　（一）金融危机以来我国公司所得税的税率与税负

　　早在 2008 年金融危机爆发之前，我国已经开始实施公司所得税改革，并制定了一系列优惠政策，与危机后各国采取政策相吻合的是，这一阶段我国的公司所得税税率（即企业所得税）在国际上处于中等水平偏下。随着我国经济规模的不断提高，巨大的国内市

场已经成为吸引外商直接投资的重要原因，税收优惠的引资效果也开始大幅降低。

1. 我国公司所得税税率及其优惠政策

我国自 2008 年 1 月 1 日起开始实施新的公司所得税制度，公司所得税的适用税率为 25%，符合规定条件的企业，可以减按20% 或者 15% 的税率缴纳企业所得税。对符合条件的小型微利企业，公司所得税税率为 20%；对拥有核心自主知识产权，并符合规定条件的国家需要重点扶持的高新技术企业，公司所得税税率为 15%。居民企业取得技术转让所得年度不超过 500 万元部分，免征公司所得税；对超过 500 万部分进行减半征收。在研发领域，按照研究开发费用发生额的 50% 加计扣除，形成无形资产的可以按其成本的 150% 摊销。此外，对高新技术企业发生的职工教育经费支出可以进行适当的抵扣，对创业投资企业的特定投资行为亦有相应的抵扣措施，如软件产业和集成电路产业等可以享受10% 的企业所得税税率。针对外资企业，自 2008 年起，在一些领域和功能区内（如经济特区、浦东新区等）原来享有 5 年免征企业所得税、5 年减半征收企业所得税等定期减免优惠的外商投资企业和外国企业，可继续按照原有税法规定的优惠办法进行直到期满为止。在减半征税期限以内，可以按照企业适用税率计算的应纳所得税额减半征税。由于没有获利而没有享受上述优惠的，其优惠期限自 2008 年起计算。此外，为了推动外资到西部投资，我国出台了面向西部的税收优惠政策，指出自 2011 年 1 月 1 日至2020 年 12 月 31 日，对设在西部地区的鼓励类产业企业按 15% 的税率征收公司所得税。

2. 我国公司所得税占 GDP 的比重略高

2016 年，我国企业所得税税收总额为 28851.36 万元，占总税收的 22.13%，占 GDP 的比重为 3.88%，高于美国、德国、法国、希腊、爱尔兰、韩国、澳大利亚等发达国家的比重。

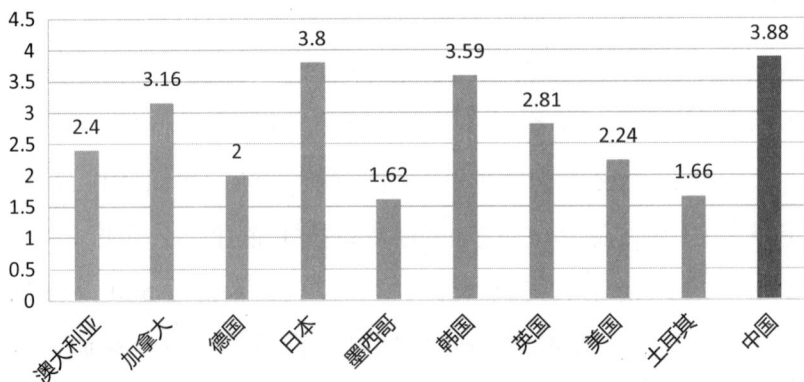

图 5-1　2016 年各国公司所得税占 GDP 比重（%）

资料来源：OECD 数据库。

从世界银行总税率指标来看，我国总税率（公司直接税和强制缴纳的费占企业利润比）也由危机前的 84% 下降到 2016 年我国的 68%，但在全球 190 个经济体里税负排第 12 位，处于较高水平。2016 年我国税收占 GDP 的比重仅为 17.52%，与图中多数国家相比，处于中间位置。从企业所得税占总税收规模来看，我国也低于多数发达国家和发展中国家，仅高于俄罗斯、德国等少数国家。之所以总税率较高，主要还在于中国的强制性缴费相对较多，造成了对企业利润的较大侵蚀。除了税收之外，我国的企业还要缴纳城市维护建设费、教育附加费和防洪费等非税收收费。虽然近几年加大清理各类收费的力度，由于收费主体多元化严重现象，难以有效约束，非税收性收入快速增长。即便经济增速逐渐下降，2016 年以前连续多个年度的非税收入都保持在 2 位数增长。2016 年非税收入占财政收入比重达到 18.3%，占 GDP 的比重为 3.93%，此外刨除国有土地出让金后的政府性基金业高达 11000 亿元，占 GDP 的比重为 1.48%。

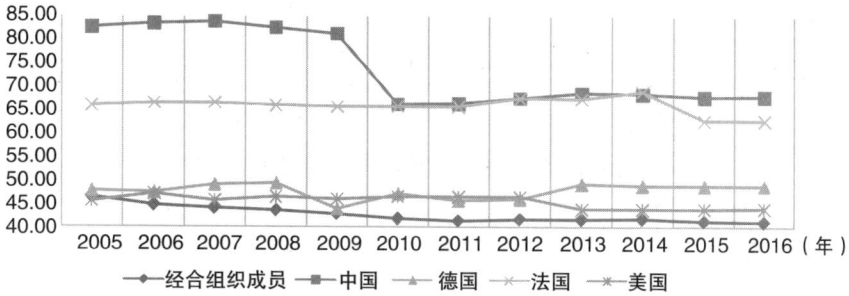

图 5-2 中国与发达国家和地区世行总税率指标比较

数据来源：世界银行。

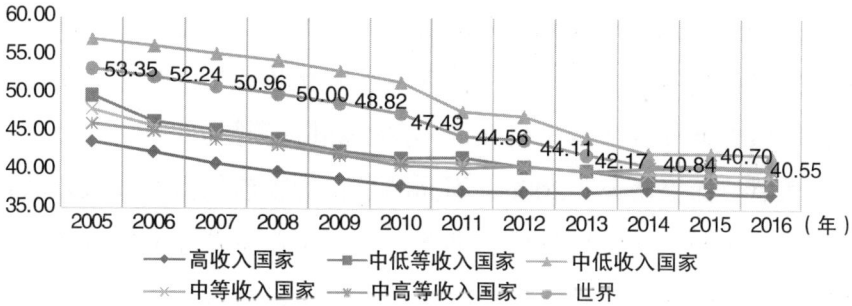

图 5-3 不同收入分类下的世行总税率指标变化情况

数据来源：世界银行。

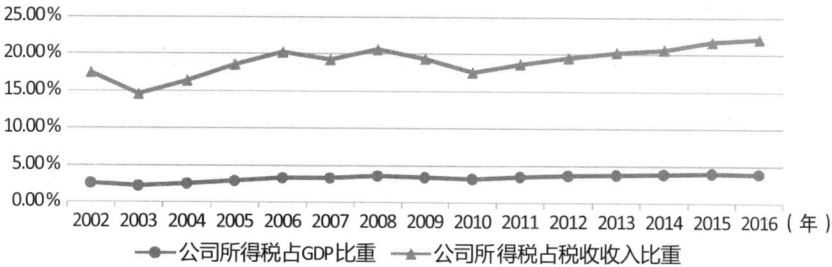

图 5-4 中国公司所得税占 GDP 与总税收比重变化图

数据来源：wind。

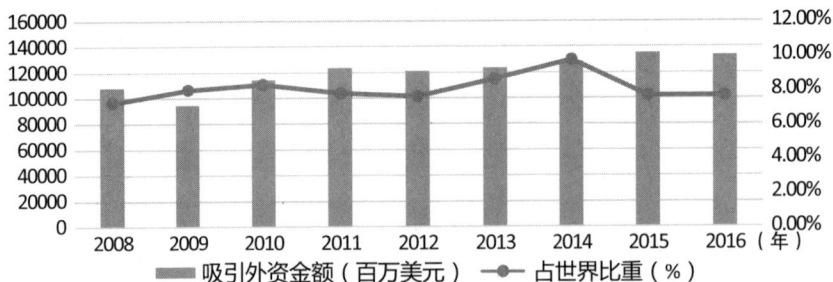

图 5-5　金融危机以来中国吸纳外商直接投资与占世界比重

资料来源：uncad 数据库。

3. 中国税收优惠的引资效果边际递减

借鉴韩霖（2006）的研究方法，本章采用单位税收优惠吸引外资额度来表示税收优惠的引资效果，或有效性大小。在分析中采用"优惠前的涉外税收占我国税收收入比例（％）""优惠后的涉外税收占我国税收收入比例（％）""涉外税收优惠幅度（％）""每亿元税收优惠引进外资数量（亿元）"等指标进行测算。

其中与韩霖研究（2006）不同的是：优惠前的涉外税收占我国税收收入比例指标使用外商和港澳台工业企业主营业务收入和当年销售产值两个标准分别占全国的比重来近似进行表示，主要原因在于我国缺乏对外商和港澳台地区投资企业所创造 GDP 的全面统计，近年来我国的工业统计年鉴也去除了对工业细分所有制领域的增加值统计，选用"外商及港澳台工业企业主营业务收入与销售产值与全国工业企业的比重"来近似替代优惠前涉外税收占我国税收收入的比例。

"我国涉外税收优惠幅度"指标本来应该直接反映涉外税收优惠额占优惠前涉外税收收入的比例。考虑到目前我国缺乏对涉外税收额的具体统计数据，故而采用"优惠前的涉外税收收入占我国税收收入的比例"减去"优惠后的涉外税收占我国税收收入的比例"

来表示。

"我国涉外税收优惠额"指标的测算主要用"涉外税收优惠幅度"乘以"优惠前的涉外税收额"来表示。其中，优惠前的涉外税收额又具体采用"优惠后的涉外税收额"除以"100- 涉外税收优惠幅度"来表示。

"我国涉外税收优惠产生的引资效应"指标在测算中采用"单位涉外税收优惠吸引外资额度"指标进行表示，即用"我国实际利用外资额度"除以"我国涉外税收优惠额度"来表示，通过该比值反映我国自加入世贸组织以来历年每亿元的涉外税收优惠额度对实际引进外资额的影响程度及变化趋势。

表 5-4 测算 1：每亿元涉外税收优惠带来的引进外资数量变化 （单位：亿元；%）

	优惠前的涉外税收占我国税收收入比例	优惠后的涉外税收占我国税收收入比例	涉外税收优惠幅度	涉外税收优惠幅度	优惠后的涉外税收总额	优惠前的涉外税收总额	优惠的额度	实际利用外资	每亿元税收优惠引进外资数量
2001 年	27.76	8.67	19.09	80.91	134.78	166.58	46.24	3877.26	83.84
2002 年	28.49	8.62	19.87	80.13	151.87	189.52	53.99	4361.85	80.79
2003 年	30.46	10.91	19.54	80.46	223.65	277.98	84.67	4424.87	52.26
2004 年	32.73	11.35	21.38	78.62	296.9	377.65	123.61	5018.22	40.60
2005 年	31.61	10.91	20.70	79.30	326.9	412.25	130.31	5931.29	45.52
2006 年	31.55	12.75	18.80	81.20	477.55	588.13	185.55	5796.62	31.24
2007 年	31.40	13.70	17.69	82.31	653.89	794.47	249.44	6350.94	25.46
2008 年	29.32	14.10	15.22	84.78	884.89	1043.81	306.06	7521.19	24.57
2009 年	27.70	12.93	14.77	85.23	1162.81	1364.34	377.88	6425.60	17.00
2010 年	27.05	13.31	13.73	86.27	1488.98	1726.03	466.87	7766.92	16.64
2011 年	25.69	13.14	12.55	87.45	1665.28	1904.28	489.30	8007.94	16.37

续表

	优惠前的涉外税收占我国税收收入比例	优惠后的涉外税收占我国税收收入比例	涉外税收优惠幅度	涉外税收优惠幅度	优惠后的涉外税收总额	优惠前的涉外税收总额	优惠的额度	实际利用外资	每亿元税收优惠引进外资数量
2012 年	23.88	13.38	10.51	89.49	1934.8	2161.93	516.35	7642.72	14.80
2013 年	23.46	13.94	9.51	90.49	2207.91	2440.00	572.30	7674.06	13.41
2014 年	22.82	13.05	9.77	90.23	2213.46	2453.14	559.82	7893.62	14.10

数据来源：wind 数据库，中国经济社会统计网，中国商务年鉴等进行测算。

表 5-5　测算 2：每亿元涉外税收优惠带来的引进外资数量变化　　（单位：亿元；%）

	优惠前的涉外税收占我国税收收入比例	优惠后的涉外税收占我国税收收入比例	涉外税收优惠幅度	涉外税收优惠幅度	优惠后的涉外税收总额	优惠前的涉外税收总额	优惠的额度	实际利用外资	每亿元税收优惠引进外资数量
2005 年	31.73	10.91	20.82	79.18	326.90	412.87	131.00	5931.29	45.28
2006 年	31.61	12.75	18.86	81.14	477.55	588.58	186.06	5796.62	31.16
2007 年	31.50	13.70	17.79	82.21	653.89	795.43	250.53	6350.94	25.35
2008 年	29.55	14.10	15.45	84.55	884.89	1046.57	309.22	7521.19	24.32
2009 年	27.89	12.93	14.97	85.03	1162.81	1367.46	381.41	6425.60	16.85
2010 年	27.23	13.31	13.91	86.09	1488.98	1729.58	470.88	7766.92	16.49
2011 年	25.94	13.14	12.79	87.21	1665.28	1909.60	495.32	8007.94	16.17
2012 年	24.17	13.38	10.80	89.20	1934.80	2168.99	524.35	7642.72	14.58
2013 年	23.67	13.94	9.73	90.27	2207.91	2445.76	578.86	7674.06	13.26
2014 年	22.97	13.05	9.92	90.08	2213.46	2457.22	564.43	7893.62	13.99

数据来源：同上。

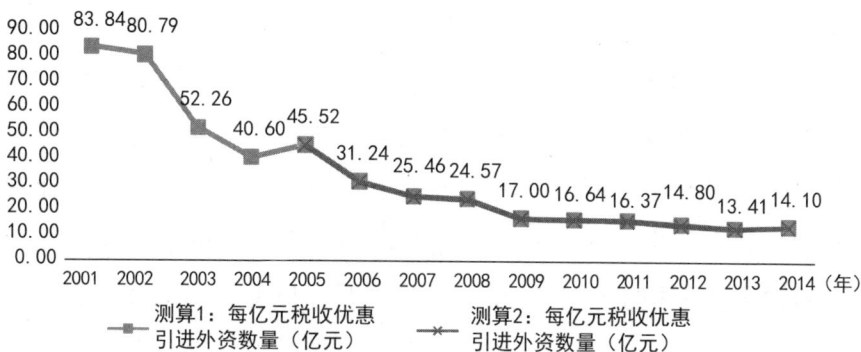

图 5-6 2001——2014 年我国涉外税收优惠产生的引资效应

资料来源：笔者作图。

注：测算 1 是用主营业务收入数据测算，测算 2 是用当年销售产值计算。由于两个数值非常接近。

从上述测算可以看出，自 2001 年以来，我国涉外税收的优惠额度在逐年增加，实际使用的外资额度也在不断增加，两者呈现正相关关系，但税收优惠手段的引资效应在逐年下降。我国每亿元税收优惠引进外资数量在逐年下降。如果考虑到我国对外营商环境的改善等有利因素的变化，我国涉外税收优惠的引资效应下降会更加明显，说明我国涉外税收优惠在吸引外资方面发挥的作用已经越来越少。其实，中国已经成为世界第二大经济体，巨大的市场规模和安定的国内环境始终是吸引外资流入的主要因素所在。

（二）国际税收竞争背景下的中国应对策略

党的十九大提出了分步实现国家现代化的伟大目标，而财政现代化一定程度上也是财政收入的法定化，或者说是税收的法定化，在我国企业所得税等税率不是很高的前提下，未来通过减少行政收费和基金项目将成为我国参与国际税收竞争的重点所在。我国降低企业负担的空间在于减少行政收费和基金。2014 年以来，我国去除国有土地出让金后的政府性基金占 GDP 的比重呈逐年下降状态，

2016 年占 GDP 比重为 1.48%，非税收入比重则显著上升，行政收费繁多，2016 年占 GDP 比重为 3.93%。因此，大力压缩非税的行政收费和政府性基金，有助于为企业减轻成本参与对外竞争营造外部空间。当前我国经济面临着较大的下行压力，减税能降低企业税负成本，为企业进一步去杠杆、去产能增加动力和财务空间。同时，政府减轻企业负担也可以在人民币汇率下行与美元加息背景下减少资本向外流动的压力。

1. 我国参与国际税收竞争的模式

中国作为世界第一大发展中国家，既与发达国家存在分明的利益分野，又与发展中中小国家有着不同的利益需求。作为大国，中国在对外资源要素争夺的竞争中，可以凭借自身的大国市场优势，集群优势，基础设施优势，政治稳定优势，进一步提升国际营商软环境，增强对跨国公司和国际资本的吸引力。由于在理论与实践上，小国一般是国际税收竞争的赢家，因为大国的税率不能降至小国的水平，所以我国在与避税港等效果税收竞争中难以获得优势。作为发展中大国和负责任大国，基于我国是世界第二大外商投资国、第二大对外投资国的发展现实和未来对外开放合作的发展趋势，我国的对外税收政策，不应立足于单纯的竞争，而是立足于国内税收体制机制与国际税收规则接轨，从合法参与到主动参与国际税收规则建设，采取适度竞争、理性协调的方式，通过与国际社会的共商共建共享，促进国际税收制度的公平、有序发展。

在具体的适度竞争上，中国可从税收、财政补贴等优惠向低税负、透明化转变，在推进国内税制现代化的同时适应国际发展规则的需要。在面对发达国家特别是主要发达资本主义国家，由于国内营商环境与其相比还有差距，可以将税率保持在比主要发达国家税率的一个较低水平；在与小国尤其是避税港的竞争上，中国应主要加强自身的税制监管和征收现代化水平，防止或在一定程度上减轻跨国企业各种名目的利润转移。

在理性协调上，中国作为全球利润转移的受害国之一，可以借助于 G20 平台，积极参与 G20 发起的以反"税基侵蚀与利润转移"为目标的《税基侵蚀和利润转移行动计划》（BEPS），并在其中发挥较大作用，签署税收情报交换协定，扩大税收情报交换网络，参与税收透明和情报交换等国际标准的制定和执行。在面对发展中国家特别是"一带一路"沿线国家的协调上，我国应积极推进与上述国家的协调与引导，一方面促进中国经验在上述国家的复制，另一方面促进上述国家税率与国内税率的统一，积极推动上述国家税制的现代化进程。

2. 我国参与国际税收竞争的路径

特朗普税改无疑给世界乃至中国税收改革带来了严峻挑战，我国唯有在客观评估国内外经济形势的基础上积极应对，才能在新一轮全球减税竞争浪潮和产业资本配置中把握新的主动权。

降低企业所得税的名义税率替代已有的优惠条款。当前，我国的企业所得税中，涉及多个领域多个层次的税收减免措施，较为复杂，有的涉及产业如集成电路、软件与信息服务业，有的涉及进口，有的涉及技术，且部分程序繁琐。再有在地方政府招商引资过程中的财政税收补贴行为形形色色，都大大降低了企业所得税的收入。未来，国家应进行大范围的调查清理，根据全国层面的企业所得税与企业利润比来重新拟定企业所得税税率，并使其简洁明了化，由此促使我国的企业所得税税率继续保持在比美国低一个水平的程度。参考各国的税率调整，建议我国应将公司所得税税率从 25% 下调至 20%，以消除繁杂的优惠措施。

整顿削减政府与事业单位税外收费与政府性基金。我国收费体系与政府性基金体系庞大而复杂，种类繁多，并缺乏透明度和总体控制，一旦加增就难以再清除，这一方面增加了企业实际税负成本，另一方面也不利于国家治理的现代化。因此，未来需要正税清费，逐渐实现行政零收费。同时，进一步削减清理政府性基金，逐步减少政府性基金的数量。

逐步建立健全市场化的地方债市场，摆脱对非税收入的财政依赖。为减少对税外收费和政府性基金的依赖，建议尽快建立健全市场化的地方债市场。建议借鉴美国地方政府债券的发行模式，构筑市场识别债券的利率与风险机制。由此需要进一步放宽对我国地方政府发债的限制，完善地方债发行过程中的各个环节，在中央的总体调控与地方发债的积极性中寻找平衡，推动地方债市场的健康发展，顺利解决地方政府投资资金的来源问题，为防范其"掠夺之手"创造基础条件。

（执笔人：申现杰）

趋势与政策篇

第六章　新一轮科技革命和产业变革对经济增长的影响研究

——基于多部门熊彼特内生增长理论的定量分析

新一轮科技革命和产业变革对经济增长的影响本质上是"创造性毁灭"。构筑刻画"创造性毁灭"机制的多部门熊彼特内生增长理论模型并进行数值模拟分析，表明新一轮科技革命和产业变革在短期和中长期有助于经济增长速度提高、长期对经济增长速度的影响不显著，在整个时期对产业结构转型升级均具有显著影响。结合我国发展实际，新一轮科技革命和产业变革有助于我国产业结构转型升级、催生新的经济增长动能，但也会造成新的结构性矛盾。应牢牢抓住新一轮科技革命和产业变革开启的"机会窗口"，以推进新一代信息技术、生物技术、新能源技术、新材料技术、智能制造技术等领域科技创新及其产业化为重点，加快破除阻碍"创造性毁灭"的体制机制障碍，着力增加创新要素积累、提高人力资本存量、前瞻布局信息基础设施等，提高科技创新、劳动、资本等生产要素的配置效率，促进生产要素积累和全要素生产率提升。

全球新一轮科技革命和产业变革蓄势待发，科技创新正在以前所未有的速度融合、渗透到人类社会的各个方面，并对经济增长动力转换发挥至关重要的作用。为迎接新科技产业革命的挑战，多数国家已推出振兴制造业的战略或计划，如美国的"先进制造业国家战略计划"、德国的"工业4.0"、法国的"新工业法国"、日本的"机器人新战略"、韩国的"制造业创新3.0"等。当前，我国整体还处于工业化中后期，在全球新一轮科技革命和产业变革孕育发展背景下，经济发展面临新的重大机遇和挑战。能否抓住、如何抓住机遇并应对挑战，实现科技产业创新从"跟跑""并跑"向"领跑"转变，推动产业转型升级和经济增长动力转换，关系到我国能否跨越"中等收入陷阱"并到本世纪中叶建成富强民主文明和谐美丽的社会主义现代化强国。研究新一轮科技革命和产业变革的基本趋势，探讨其影响经济增长的理论机理及量化关系，分析对我国经济增长的潜在影响，具有重大现实意义。

一、新一轮科技革命和产业变革的基本趋势

人类社会不断进步的本质是认识世界和改造世界能力的提高，是一系列从科学发明到科技创新再到产业革命或工业革命的动态演进过程。科技革命通过科技成果的产业化、市场化，催生出新的行业、改造传统的产业、塑造产业新格局，推动产业革命的爆发。新一轮科技革命和产业变革的演进也不例外。

新科技革命是新产业革命的先导。对于未来，由于新科学、新技术还在孕育发展中，新科技革命尚未发生，对其预测就具有"科学猜想"的性质、见仁见智（何传启，2017）。不过，从科技发展的内在驱动因素来看，既有源于人类的好奇心和科技发展的惯性等内在动力，也有与经济和安全紧密相关的社会需求和投入因素（何传启，2015）。发达国家的战略取向及人类共同应对全球性危机、关系可持续发展的重大需求也是推动新科技革命的

重要动因（姜江，2013）。未来的科技发展将更加以人为本，促进和保障人与自然、人与社会和谐相处成为科技创新的基本理念，绿色、健康、智能将成为引领科技创新的重点方向（白春礼，2017）。综合科技革命爆发的供需驱动因素来看，新科技革命或将在新一代信息技术、生物技术、新能源技术、新材料技术、智能制造技术等领域取得突破（美国战略与国际研究中心，2015；美国陆军部，2016；麦肯锡，2016；OECD，2017；施瓦布，2017等）。

新产业革命是新科技革命的结果。历次产业革命均是以科学领域的新发现、技术的新突破为先导，引发各学科领域群发性、系统性的突破，并在经济社会需求驱动下，推动传统产业不断升级、新兴产业快速发展（白春礼，2017）。目前，一方面，无论是从重大科学发现和技术演进趋势，还是从人类共同面临的可持续发展需求，抑或从新技术已经表现出的影响来看，科学技术的交叉融合既是科学发展和技术发展的已然趋势，也是人类需求多样性的必然要求，孕育发展中的新产业革命的爆发将更基于多重技术的交叉融合，呈现出多点突破、交叉汇聚的态势。另一方面，尽管从产业革命发展规律来看，第二次技术革命和第二次产业革命爆发以来，科学革命、技术革命到产业革命的时间越来越短（何传启，2013），但从目前最有可能催生新产业革命的几大技术领域来看，大多仍是20世纪70年代以来的以计算机科学、信息科学、物理学、生物学等综合性科学理论为基础，以信息技术、材料技术、能源技术、生物技术、制造技术的交叉演进及进一步的更新发展，还未出现有广泛关联性和全局性并对人类社会生产生活方方面面产生深刻、持续影响的重大科技突破和发明应用，新产业革命的爆发或还需较长时间的积累。当然，也有部分学者认为，新产业革命不是爆发式的，而是渐进式、渗透性的，不是以重大技术突破为主导的集中爆发，而是通过长期积累技术整合和产业化的模式创新（李佐军，2014；黄先海、诸竹君，2015）。此外，从历次产业革命爆发国家和地区来看，制度创新是产业革命爆发的关键（杜传忠、刘英华，2016）。孕育发展中的新产业革命将有可能从根本上改变技术路径、产品形态、产业模式，推动产业生态和经济格局深刻调整（白春礼，2017），相比历次产业革命对制度创新的要求也应将更为苛刻，新产业革命更可能发生在具备良好制度条件的国家和地区。有学者认为将可能在美国、中国、欧洲等国家和地区爆发（姜江，2013）。

二、新一轮科技革命和产业变革对经济增长的影响

生产力的大发展源于科技产业革命的推动。然而，目前，学界就新一轮科技革命和产业变革对经济增长的影响效果却并未达成共识，部分乐观（阿吉翁等，2018；麦肯锡，2016；施瓦布，2017；等），部分悲观（戈登，2018；等）。尤其是在过去 10 多年里，尽管技术进步和创新投资都实现了指数级增长，但全球生产效率（或劳动生产率）却止步不前，这种"生产率悖论"a 已使得二者之间的关系趋于模糊。笔者认为，分歧主要源于新一轮科技革命和产业变革对经济增长的影响是"创造性毁灭"，而其中的"破坏"与"创造"两种对立影响的叠加具有不确定性。但伴随新技术启动的"创造性毁灭"，产业结构将不断优化，与现代经济增

---

① 以美国为例，1947—1983 年劳动生产率的年均增长率为 2.8%，2000—2007 年为 2.6%，到 2007—2014 年仅为 1.3%，且这种降低主要来自全要素生产率下降。美国劳工统计局的数据显示，2007—2014 年，全要素生产率的年均增长率仅为 0.5%，远远落后于 1995—2007 年间 1.4% 的水平。

长总伴随产业结构变迁的规律（Kuznets，1966；林毅夫，2012）是一致的。通过拓展刻画"创造性毁灭"机制的经典熊彼特内生增长理论模型，构筑多部门熊彼特内生增长理论模型进行数值模拟分析，有助于厘清新一轮科技革命和产业变革与经济增长之间的量化关系。

（一）新一轮科技革命和产业变革影响经济增长的理论机理

经济增长的源泉是投入要素积累和全要素生产率提升，其中投入要素包括劳动力、资本、土地等，全要素生产率则主要来自技术进步、制度改革、组织管理创新等（Acemoglu，2009）。新一轮科技革命和产业变革对经济增长的影响，通过"破坏"旧的增长要素并"创造"新的增长要素、"破坏"旧的生产组织方式并"创造"新的组织方式，进而推动生产要素重配和产业结构重塑，并改变经济增长来源结构（见图6-1）。

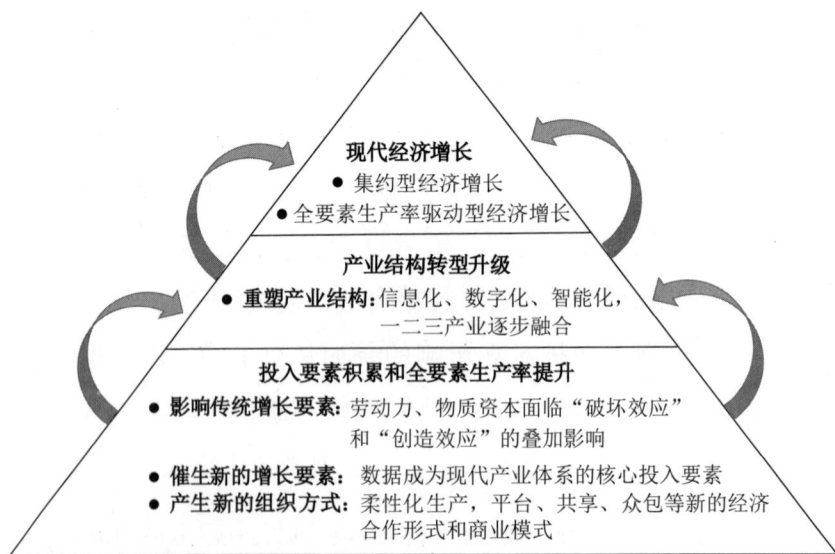

图6-1　新一轮科技革命和产业变革影响经济增长的理论逻辑

1. 影响传统增长要素

对劳动力的影响。新一轮科技革命和产业变革既不会消灭劳动力，也不会创造劳动力，但作为一次系统性的技术变革将会强化抽象的分析与推理工作，放大劳动力设计与创新的价值，引发对高技能劳动力需求增加及对低技能劳动力需求减少。一方面，破坏效应减少有效劳动力供给。信息技术、数字技术和智能技术对既有技能的颠覆，引起资本取代劳动而导致部分岗位劳动者失业，使得部分技能劳动退出市场（施瓦布，2017）而造成人力资本损失，相当于减少有效劳动力供给。另一方面，创造效应增加有效劳动力供给。对新商品和新服务需求的增加，会催生出全新的职业、甚至全新的行业，从而增加就业岗位，推动劳动力重新配置，相当于提高有效劳动力供给。生物技术等对劳动力的改善，以及其他新技术的应用增强劳动者的工作能力（OECD，2017），相当于促进人力资本积累。

对资本的影响。新一轮科技革命和产业变革不会消灭资本形态，但作为一种以生物技术、新能源技术、新材料技术和智能制造技术为主导，以新一代信息技术为支撑的系统性科技产业变革，会极大地降低对传统物质资本的依赖，增强对信息资本、数据资本、知识资本等的倚重。一方面，破坏效应减少有效资本供给。信息技术、数字技术和智能技术等广泛应用将带来生产方式变革，将导致部分传统物质资本形态加速折旧或失去作用，也即相当于减少有效资本存量。另一方面，创造效应增加有效资本供给。新技术的产生和应用也会引致新的投资，产生信息资本、数据资本、智能资本等新的资本形态。如，信息技术的快速发展，大数据、云计算、智能制造终端等"云网端"基础设施形态资本会大幅增加。智能制造技术广泛应用，将引致新的智能制造业投资快速增加。

2. 催生新的增长要素

随着新一代信息技术的突破发展，云计算、大数据、物联网、移动终端及各种形式软件等信息基础设施将不断完善，数据的可获得性和独立流动性不断增强，并逐渐成为资本、劳动力、土地等传统生产要素之外的一种重要的独立社会资源和生产要素，进一步使得数据的获取、加工、计算、运用、存储等活动和过程，较之产品与服务本身的生产、流通、消费更为关键和重要。同时，产业体系的现代化程度也主要表现为数据作为核心投入对各传统产业的改造以及数字经济等新兴产业的发展，并且因数据要素投入而引起产业边际效率改善和劳动生产率提高，带来生产效率提升。

3. 产生新的组织方式

随着数据流动性和可获得性大幅提高，信息不对称性不断降低，将促进生产组织和社会分工方式更倾向于社会化、网络化、平台化、扁平化、小微化，推动产业边界模糊化、产业组织网络化、产业集群虚拟化、组织结构扁平化，大规模定制生产和个性化定制生产日益成为主流制造范式，传统依靠规模经济来提高效率的生产方式受到挑战（黄群慧等，2016）。一方面，信息不对称性降低，将使得不再需要通过分工、专用设备来实现规模经济提高生产效率，而可通过通用性资产、柔性化生产来实现企业内部范围经济效率的提高。另一方面，各交易主体之间的信息不对称性大幅降低，企业组织之间、消费者与企业之间、消费者之间的交易成本也相应降低，以信息技术为基础的平台、共享、众包等新的经济合作形式和商业模式将加快发展，推动生产布局分散化、产业组织网络化、产业集群虚拟化，将极大地拓展外部范围经济，推动经济效率上升（见图6-2）。

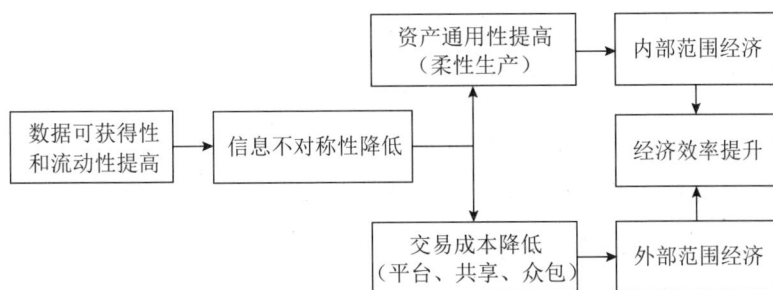

图6-2　新的生产组织方式推动经济效率提升的机制

（二）新一轮科技革命和产业变革影响经济增长的数值模拟

借助熊彼特内生增长理论（Aghion 和 Howitt，1988、1992、2009）关于"创造性毁灭"推动经济增长的机制，将经典熊彼特内生增长理论模型拓展为多部门熊彼特内生增长理论模型，刻画新一轮科技革命和产业变革影响产业结构和经济增长的内在逻辑机理。为此，借鉴康司玛特（Kongsamut）、雷贝洛（Rebelo）和谢（Xie，2001）、恩盖（Ngai）和皮萨里德斯（Pissarides，2007）等外生技术进步多部门增长理论模型构建方法，以及阿西莫格鲁（Acemoglu）和格里瑞里（Guerrieri，2006）基于罗默（Romer，1990）横向技术进步的多部门内生增长理论模型构建方法，构筑基于"创造性毁灭"机制的多部门熊彼特内生增长理论模型。

1. 理论模型

本文的理论模型包含一个完全竞争的"通用产品"部门，该部门的代表性厂商采用 CES 生产函数组合 n 个行业的最终产品生产"通用产品"；n 个行业的市场完全竞争，各行业的代表性厂商均采用劳动与最高层级（或最优技术水平）的中间产品生产该行业的最终产品，中间产品的"更新换代"或"创造性毁灭"推动了行业的技术进步及整个经济的技术进步，也相应推动了生产要素"破坏效应"与"创造效应"的叠加或在部门间重新配置及生产组织方式的变化；第 i 个行业中间产品的"更新换代"依赖于中间产品部门的技术创新活动，而技术创新活动成功概率的高低则直接取决于行业创新投入的多寡。

（1）通用产品部门厂商行为

模型经济存在一种多用途"通用产品"，其既可用于家庭消费，也可以用于厂商投资。因而，直观意义上，"通用产品"与现实经济中以货币衡量的国内生产总值具有相同的含义。"通用产品"由完全竞争市场环境下的代表性厂商以 CES 生产函数将经济中全部 n 个行业的最终产品组合而成。

$$Y_t = \left(\sum_{i=1}^{n} \phi_i Y_{it}^{\frac{\varepsilon-1}{\varepsilon}} \right)^{\frac{\varepsilon}{\varepsilon-1}}$$

其中，Y_t 是"通用产品"。Y_{it} 是第 i 个行业的最终产品，且 i=1,2,3,…, n 表示第 1 到第 n 个行业。参数 ϕ_i 表示生产"通用产品"时，第 i 个行业最终产品的重要性程度，并且 $\phi_i > 0$ 与 $\sum_{i=1}^{n} \phi_i = 1$。替代弹性 ε 表示行业最终产品之间的替代性，并且 $\varepsilon > 0$；当替代弹性 $0 < \varepsilon < 1$ 时，行业最终产品之间具有互补性；当替代弹性 $\varepsilon > 1$ 时，行业最终产品之间具有替代性；若 $\varepsilon=1$，那么"通用产品"生产函数将变为特殊形式：$\ln Y_t = \sum_{i=1}^{n} \phi_i \ln Y_{it}$。"通用产品"部门生产厂商通过选择最优的行业最终产品的投入组合 $\{ Y_{1t}, Y_{2t}, …, Y_{nt} \}$ 来实现利润最大化。各行业最终产品的价格水平为 $\{ P_{1t}, P_{2t}, …, P_{nt} \}$，"通用产品"的价格水平为 P_t。

（2）行业最终产品部门厂商行为

经济中存在 n 个行业，每个行业的最终产品市场和要素市场都完全竞争，并且各行业最终产品由劳动和连续统为 1 的专业化中间产品生产而成。

$$Y_{it} = L_{it}^{1-\alpha} \int_0^1 A_{it}(j)^{1-\alpha} x_{it}(j)^\alpha \, d_j, \ i = 1,2,…,n$$

其中，Y_{it} 是行业 i 的最终产品。L_{it} 为用于生产第 i 个行业最终产品的劳动投入量，且要求 $\sum_{i=1}^{n} L_{it} = L_t$，也即各行业劳动投入量总和等于劳动禀赋。$x_{it}(j)$ 为生产第 i 个行业最终产品的中间产品 j 的最新或最近系列，而 $A_{it}(j)$ 则为与其相关的生产效率系数，可以理解为生产技术。第 i 个行业最终产品生产厂商通过选择最优的劳动与中间品要素投入组合 $\{L_{it}, x_{it}(j)\}$ 来实现利润最大化。此时，劳动要素的名义工资水平为 W_t，中间品要素的价格水平为 $P_{it}(j)$。

（3）行业中间品部门厂商行为

各行业中间品部门厂商可以自由进入，并且进入厂商一旦研发成功，其将垄断该研发活动所带来的利润。行业 i 的中间品部门以该行业的最终产品作为主要投入品，以一比一技术生产中间产品，并且该中间产品只作为本部门的行业最终产品生产投入品。行业 i 内的每一种中间产品 $x_{it}(j)$ 的生产效率 $A_{it}(j)$ 在每一时刻 t 都有可能得到改进，且改进程度为 γ_i，改进概率为 $\mu_{it}(j)$。如果中间产品 $x_{it}(j)$ 的生产效率 $A_{it}(j)$ 没有得到改进，那么其将维持在原有生产效率 $A_{it}(j)$ 上，其发生概率为 $1-\mu_{it}(j)$。

$$A_{it}(j) = \begin{cases} \gamma_i A_{it-1}(j), & \text{概率为} \mu_{it}(j) \\ A_{it-1}(j), & \text{概率为} 1 - \mu_{it}(j) \end{cases}$$

为提高生产效率，加速技术进步，厂商可以通过增加研发投入来提高生产效率 $A_{it}(j)$ 被改进的概率 $\mu_{it}(j)$。参考 Aghion 和 Howitt（1988、1992、2009），并考虑研发生产函数不应因人口增加而产生规模效应（Jones，1995），改进后的行业 i 的中间品部门的研发生产函数设定为如下形式：

$$\mu_{it}(j) = \eta\left(\frac{R_{it}(j)}{L_{it} A_{it}^*(j)}\right) = \lambda_i \left(\frac{R_{it}(j)}{L_{it} A_{it}^*(j)}\right)^{\frac{1}{2}}$$

其中，$R_{it}(j)$ 为研发投入量；L_{it} 为行业 i 的劳动投入量；λ_i 为

研发效率参数，且 $\lambda_i > 0$；$A_{it}^*(j)$ 为创新目标。

2. 产业结构与经济增长

通过求解模型，可以得到第 i 个行业产值份额 y_{it} 与就业份额 m_{it}，也即经济体的产业结构：

$$y_{it} = m_{it} = \frac{A_{it}^{\varepsilon-1}\phi_i^{\varepsilon}}{\sum_{i=1}^{n} A_{it}^{\varepsilon-1}\phi_i^{\varepsilon}}$$

同时，模型经济体的经济增长率为：

$$g_t = \frac{\sum_{i=1}^{n} \phi_i^{\varepsilon} A_{it}^{\varepsilon-1} g_{it}}{A_t^{\varepsilon-1}} = \frac{\sum_{i=1}^{n} \phi_i^{\varepsilon} A_{it}^{\varepsilon-1} g_{it}}{\sum_{i=1}^{n} \phi_i^{\varepsilon} A_{it}^{\varepsilon-1}}$$

为便于数值模拟分析，退化模型，仅考虑三个行业，也即令 $i = a$、m、s，并分别令其为农业、工业与服务业。

第一，农业劳动力所占份额。

$$m_{at} = \frac{A_{at}^{\varepsilon-1}\phi_a^{\varepsilon}}{A_{at}^{\varepsilon-1}\phi_a^{\varepsilon} + A_{mt}^{\varepsilon-1}\phi_m^{\varepsilon} + A_{st}^{\varepsilon-1}\phi_s^{\varepsilon}}$$

其中，$A_{at} = A_{a0}e^{g_a t}$，且 $g_a = (\gamma_a - 1)\frac{1}{2}(1-\alpha)\alpha^{\frac{1+\alpha}{1-\alpha}}\lambda_a^2$，$A_{a0}$ 表示农业的初始技术进步水平。

第二，工业劳动力所占份额。

$$m_{mt} = \frac{A_{mt}^{\varepsilon-1}\phi_m^{\varepsilon}}{A_{at}^{\varepsilon-1}\phi_a^{\varepsilon} + A_{mt}^{\varepsilon-1}\phi_m^{\varepsilon} + A_{st}^{\varepsilon-1}\phi_s^{\varepsilon}}$$

其中，$A_{mt} = A_{m0}e^{g_m t}$，且 $g_m = (\gamma_m - 1)\frac{1}{2}(1-\alpha)\alpha^{\frac{1+\alpha}{1-\alpha}}\lambda_m^2$，$A_{m0}$ 表示工业的初始技术进步水平。

第三，服务业劳动力所占份额

$$m_{st} = \frac{A_{st}^{\varepsilon-1}\phi_s^{\varepsilon}}{A_{at}^{\varepsilon-1}\phi_a^{\varepsilon} + A_{mt}^{\varepsilon-1}\phi_m^{\varepsilon} + A_{st}^{\varepsilon-1}\phi_s^{\varepsilon}}$$

其中，$A_{st} = A_{s0}e^{g_s t}$，且 $g_s = (\gamma_s - 1)\frac{1}{2}(1-\alpha)\alpha^{\frac{1+\alpha}{1-\alpha}}\lambda_s^2$，$A_{s0}$ 表示服务业的初始技术进步水平。

进一步，可以得到模型经济体的经济增长率：

$$g_t = m_{at}g_at + m_{mt}g_mt + m_{st}g_st$$

3. 数值模拟分析

（1）参数校准

量化分析新一轮科技革命和产业变革对经济增长的影响，还需依赖于大量参数。国际发展经验表明，美国等发达国家的经济达到或接近于稳态，而中国等发展中国家还处于向稳态过渡的发展阶段。为便于模拟分析，以美国经济为样本，校准基准情景下的理论模型参数（参见表6-1）。

表6-1　主要参数描述及校准依据

参数	描述	依据
ε	农业产品、工业产品与服务业产品之间的替代弹性，校准为0.3	恩盖和皮萨里德斯（2007）
A_{a0}、A_{m0}、A_{s0}	农业、工业与服务业技术进步初始值，分别校准为0.01、1、200	恩盖和皮萨里德斯（2007），陈体标（2007）
Φ_a、Φ_m、Φ_s	农业、工业与服务业的产品份额，分别校准为0.1、0.6、0.3	恩盖和皮萨里德斯（2007），陈体标（2007）
$1-\alpha$	劳动力密集使用程度，校准为0.66	高曼（Gallman，1986），索科洛夫（Sokoloff，1986），丹尼斯（Dennis）和伊斯肯（İşcan，2009），乔根森（Jorgenson）、盖洛普（Gallop）和弗劳梅尼（Fraumeni，1987）
γ_a、γ_m、γ_s	农业、工业与服务业的创新改进程度，分别校准为1.02、1.01、1.003	恩盖（Ngai）和皮萨里德斯（Pissarides，2007）
λ_a、λ_m、λ_s	农业、工业与服务业的研发效率，分别校准为6、5、5	恩盖（Ngai）和皮萨里德斯（Pissarides，2007）

（2）数值模拟结果

基准模型数值模拟结果表明，模型较好地拟合了库茨涅茨结构转型事实，农业劳动力份额不断下降，工业劳动力份额先升后降呈现出"倒U型"特征，服务业劳动力份额不断上升（见图6-3）。同时，随着时间推移，经济增长速度持续降低并逐渐收敛（见图6-4）。这与现实经济发展过程中的产业结构转型典型特征和经济增长率演进路径保持了基本一致，表明模型可进一步进行数值模拟试验。

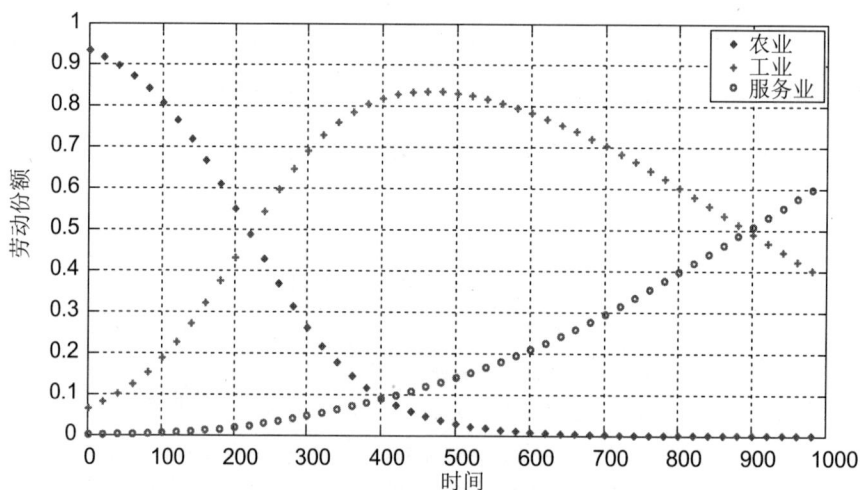

图 6-3　基准模型模拟的产业结构转型

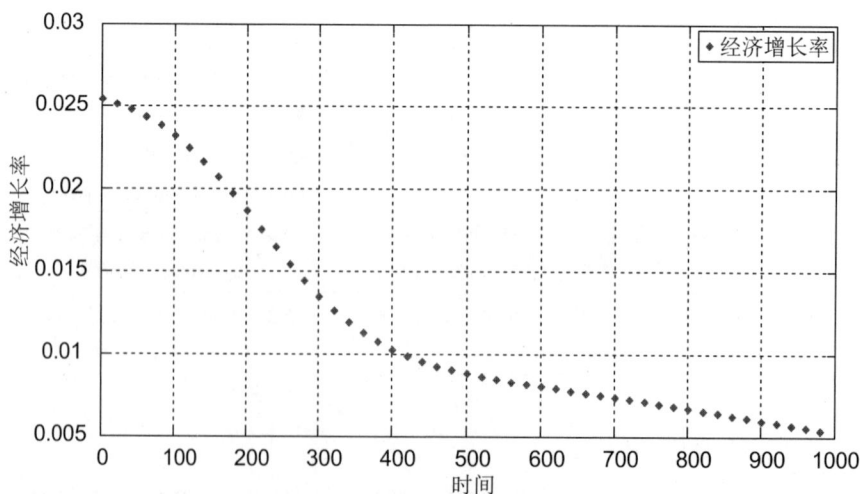

图 6-4　基准模型模拟的经济增长率

　　根据新一轮科技革命和产业变革对经济增长影响的机理，以及本文模型"创造性毁灭"机制推动技术进步的特征，笔者模拟分析了制造业技术进步增长率"爆发式"提升对产业结构转型和经济增长速度的影响。这主要是因为制造业技术进步是新一轮科技革命和产业变革影响经济增长的动力来源和主导机制。笔者假定其源自系统性的研发效率的提升。为此，在量化分析新一轮科技革命和产业变革对经济增长的影响时，笔者逐步提高（具体为逐步提高5%）制造业研发效率参数 λ_m。

　　首先，考察对产业结构转型的影响。情景分析表明，随着制造业技术进步"爆发式"加快，工业向服务业的结构转型速度明显大幅提高，而农业向工业的结构转型速度的变化不显著（见图6-5）。与此同时，随着工业部门技术进步加快，最大工业劳动力份额显著降低，但各时期农业劳动力份额不发生显著变化。这表明新一轮科技革命和产业变革有助于推动非农产业结构加快转型升级、重塑产业结构。

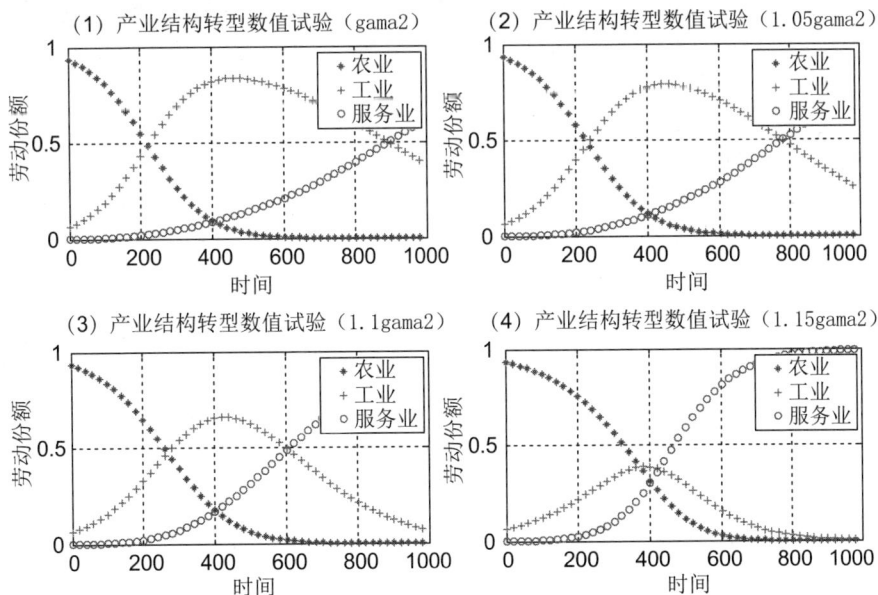

图6-5　逐步提高工业行业技术进步增长率情景下的产业结构演变过程

其次，考察对经济增长速度的影响。情景分析表明，随着制造业技术进步增长率的"爆发式"提高，经济的初始增长率会跃升，同时，随时间推移的经济增长率下降速度也会相对降低，因而各时期经济增长率相应基准模型会有所提高，也即加速经济增长和经济发展，不过长期最终都将收敛于相似的经济增长速度（见图6-6）。这说明从短期和中长期来看，新一轮科技革命和产业变革有助于提高经济增长速度。但从长期来看，由于经济系统的内在收敛规律使然及新科技产业的成熟定型，"创造效应"与"破坏效应"趋于均衡，新一轮科技革命和产业变革对经济增长速度的影响不再显著。这是目前全球经济出现"生产率"悖论的主因。

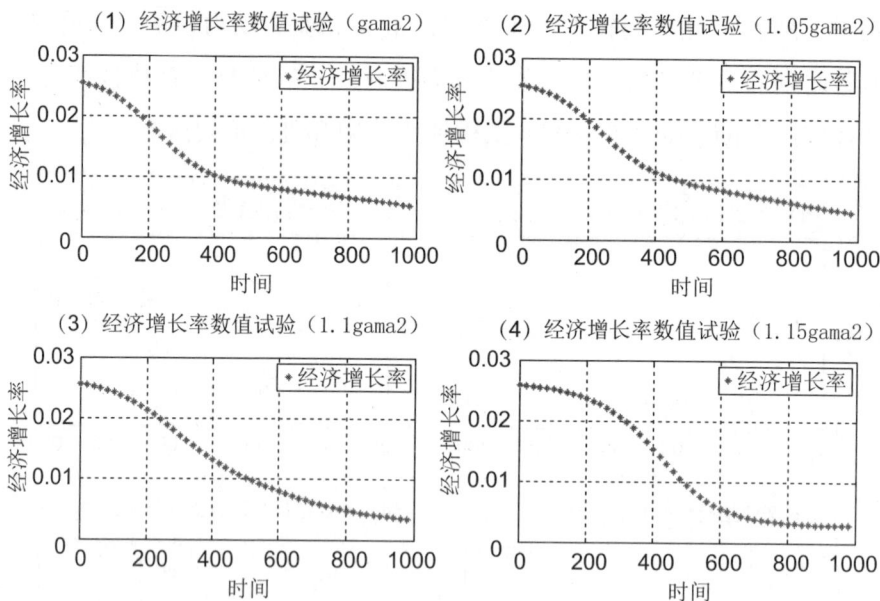

图 6-6　逐步提高工业行业技术进步增长率情景下的经济增长率演变过程

综合来看，新一轮科技革命和产业变革对经济增长的影响是一个"创造性毁灭"过程。在这个过程中，新一轮科技革命和产业变革对经济增长的影响，既存在正向的"创造效应"，也存在负向的"破坏效应"。为了考察总的量化影响，通过数值模拟进行情景分析，表明短期和中长期内新一轮科技革命和产业变革具有提高经济增长速度的作用，但长期内对经济增长速度不产生显著影响；同时，新一轮科技革命和产业变革在整个时期均对产业结构转型升级具有显著影响。实际上，这也契合了全球主要国家的经济增长历史进程，尤其是进入本世纪以来，尽管新的技术、新的业态、新的产业、新的模式不断涌现，但经济增长速度却并没有显著提升，而经济结构却在持续优化、增长质量在不断提高。当然，从经济增长总量来看，短期和中长期内对经济增长速度提高的影响能促进经济总量的加速增长。

三、新一轮科技革命和产业变革对我国经济增长的潜在影响

党的十九大报告指出，我国经济已由高速增长阶段转向高质量发展阶段，正处在转变发展方式、优化经济结构、转换增长动力的攻关期，建设现代化经济体系是跨越关口的迫切要求和我国发展的战略目标。新一轮科技革命和产业变革必将催生大量的新技术、新产业、新业态和新模式，将为我国转变经济发展方式、优化经济结构、转换增长动力奠定技术经济基础和指明发展方向。但同时，由于我国制度支撑体系、要素保障能力等还有很大不足，产业现代化水平远落后于工业化强国，尤其是技术水平和研究开发能力与世界先进水平有很大差距。新一轮科技革命和产业变革对我国的影响是机遇和挑战并存。基于前面关于新一轮科技革命和产业变革影响经济增长的"创造性毁灭"机制的理论和实证研究，并充分考虑现实经济发展的复杂性，进一步就其对我国经济增长的潜在影响进行分析。

（一）推动产业结构转型升级

新一轮科技革命和产业变革形成的新技术将改造传统生产模式和服务业态，推动传统生产方式和商业模式变革，加速促进工业和服务业融合发展，对我国产业结构转型升级具有重大的推动作用。一方面，推动传统产业转型升级。目前我国已进入工业化中后期，但传统产业发展质量和发展效益不高问题积聚，持续困扰我国经济高质高效发展。新一轮科技革命和产业变革将推动我国部分无效或低效传统产业加速市场出清甚至退出市场，或将颠覆性技术大量应用于传统产业，提升传统产业的技术含量和生产效率。如，将新一代信息技术和智能制造技术融入传统制造业的产品研发、设计、制造过程，将推动传统制造业由大批量标准化生产转变为以互联网为支撑的智能化个性化定制生产，将大幅提升传统产业发展能级和发展空间；将新能源技术广泛应用于传统产业，将直接降低传统产业的能耗水平，提升资源能源利用效率。另一方面，促进制造业服务业融合发展。制造业和服务业相互促进、相互依赖是产业演进的基本规律，推动制造业和服务业深度融合可增加制造业产品的附加值、延伸制造业的产业链和价值链，以及提升服务业的能力和服务的质量，是产业转型升级的加速器。现阶段我国多数制造业采取封闭式的自我服务模式，产业的研发、加工、运输、营销等环节全部自我完成，制造业和服务业融合程度不高、水平较低。新一轮科技革命和产业变革将新一代信息技术、智能制造技术等全面嵌入制造业和服务业领域，新的颠覆性技术将打破传统的制造流程和服务业业态，促进制造业和服务业在产业链上的融合。而且，随着产业高度融合、产业边界逐渐模糊，新技术、新产品、新业态、新模式还将不断涌现，现代产业体系还将加速重构。

（二）催生新的经济增长动能

新一轮科技革命和产业变革形成的新技术及其广泛应用，将直接促进生产效率提高，进一步提升我国潜在经济增长率，而新技术的产业化和商业化则将打造出新的业务部门和新的主导产业，催生新的经济增长点。一方面，提升潜在经济增长率。近年来，随着我国经济发展进入新阶段，后发优势逐渐消逝，而科技发展水平与发达国家仍存在巨大差距，资源配置的市场体制和制度还不尽成熟，再加上人口老龄化、投资效率下降等因素叠加，潜在经济增长率出现了趋势性下滑。新一代信息技术、智能制造技术等的突破应用，将改造传统的资源配置和生产组织方式，促进全社会资源配置效率提高；智能机器人等新工具广泛应用将实现对低技能劳动、简单重复劳动的替代，在缓解人口老龄化带来的劳动力紧缺问题的同时也会相应提高劳动生产率。另一方面，形成新的经济增长点。近年来，我国传统增长动力出现衰竭，而新的经济增长点还没有广泛出现，新旧动能转换不畅，经济增长出现了产业支撑不足的问题。随着新技术在生物、新能源、新材料、智能制造等领域取得突破，将催生出具有关联性强和发展前景广阔的生物产业、新能源产业、新材料产业、智能制造产业等，尤其是依托我国纵深多样、潜力巨大的国内市场需求，必将发展成为我国重要的主导产业和支柱产业，为我国催生新的经济增长点、增添新动能。

（三）造成新的结构性矛盾

新一代信息技术、生物技术、新能源技术、新材料技术和智能制造技术等领域颠覆性技术的突破应用必将打破传统的生产方式、组织方式甚至投入要素，改变传统的国际经济竞争重点乃至国际经济竞争规则，促使全球价值链出现分解、融合和创新，将对我国的比较优势、要素供给、制度供给等带来重大影响，甚至造成新的结构性矛盾。一方面，或将造成传统比较优势削弱而新的比较优势难以形成。改革开放以来，我国依靠劳动、土地等低成本要素优势参与国际产业分工，承担了全球生产体系中的大量加工制造环节，这也在一定程度上固化了我国在国际产业链、价值链、甚至创新链上的位置。随着智能机器人等颠覆性技术的广泛应用，商品制造模式和生产组织方式必将出现变革，原有的规模化、标准化生产模式将可能被摒弃，全球产业分工将从产业链式分工转向产业网络式分工（张其仔，2018），传统劳动、土地等要素低成本比较优势和传统加工制造环节的重要性将降低，而创新要素和研发设计活动在国际竞争中的重要性进一步强化。然而，未来一段时期，我国仍将面临关键创新要素保障能力不足[①]、创新型制度体系不健全等强约束，并还将持续面临发达国家在创新领域、高技术领域对我国的打压和排挤，将导致我国的科技创新等新比较优势的培育面临较大的国内外压力，而与此同时，传统比较优势还将持续面临东南亚等发展中国家的激烈竞争替代。另一方面，或将造成生产要素供需结构失衡。尽管我国劳动年龄人口平均受教育水平与过去相比已有大幅提高，但与前沿发达国家相比仍存在较大差距，尤其是人才结构的适应性、教育培训体系的前瞻性、劳动力市场的流动性、就业相关体制的托底性等还存在很大不足。随着新产业的兴起，劳动力供给或将难以与信息人才、数字人才、智能人才的需求相匹配，可能出

---

① 虽然我国的 R&D 经费投入继 2010 年超过德国后，2013 年超过日本，目前仅次于美国；研发支出占 GDP 比重也已与 OECD 国家平均水平相当，高出相近发展阶段的其他经济体约 1 个百分点。但是，我国在最具关键性的创新人才方面存在很大不足。2016 年，我国每百万人口中的 R&D 研究人员数为 1177 人，远低于日本的 5231 人、韩国的 7087 人，以及德国的 4431 人、美国的 4232 人（2014 年）、法国的 4169 人（2014 年）、英国的 4471 人、西班牙的 2655 人、OECD 的 3961 人（2014 年）。这在一定程度上导致目前我国最具研发创新价值的三方专利授权量仅为日本的 1/7、美国的 1/6。

现严重的结构性失业问题，并冲击社会稳定性。与此同时，长期以来，我国资本存量多集中在交通基础设施、房地产等钢筋混凝土型资本领域，也是目前社会固定资产投资的主要领域。随着新科技产业革命的孕育发展，对传统的物质资本的需求将降低，而对数据、知识等无形资本的需求则将加速上升，或将出现资本供需结构性失衡。此外，或将造成制度（含政策）供需结构矛盾凸显。新科技产业革命将带来新的技术和新的生产关系，相应地就会摧毁旧的生产力与旧的生产关系，颠覆传统的生产与消费方式，引起社会制度变革。同时，新技术的推广还将使得技术引发制度变革的过程更趋复杂性，增强社会脆弱性，加大社会治理难度。这将使得我国现行教育、科技、就业、社保、法律法规等传统制度体系与新的生产力之间的矛盾更加激烈，同时原来瞄准发达国家的体制改革路线也将不再适用，体制创新的灵活性和社会治理的适应性也都将受到挑战。此外，新科技产业革命的突破式技术变革和创新特征，还将激化我国传统产业政策与新科技产业发展之间的矛盾，要求原来通过模仿发达国家先进技术来实现模仿式创新的传统追赶主导型产业政策加快转型。

四、结论和对策建议

新一轮科技革命和产业变革对经济增长的影响是一个"创造性毁灭"过程，通过"破坏"旧的增长要素并"创造"新的增长要素、"破坏"旧的生产组织方式并"创造"新的组织方式，推动生产要素重配和产业结构重塑。本章拓展刻画"创造性毁灭"机制的经典熊彼特内生增长理论模型，构筑多部门熊彼特内生增长理论模型，在以成熟经济体数据校准理论模型基础上进行数值模拟分析，表明新一轮科技革命和产业变革在短期和中长期均有助于促进经济增长速度提高、而长期内对经济增长速度不存在显著影响，但在整个时期对产业结构转型升级均具有显著影响。对我国发展实际而言，新一轮科技革命和产业变革有助于我国产业结构转型升级、催生新的经济增长动能，但也会造成新的结构性矛盾。

新一轮科技革命和产业变革是社会文明的进步，是不可阻挡的历史潮流。应牢牢抓住新一轮科技革命和产业变革开启的"机会窗口"，充分发挥社会主义制度的体制优势和市场潜力大的市场优势，以推进新一代信息技术、生物技术、新能源技术、新材料技术、智能制造技术等领域科技创新及其产业化为重点，加快破除阻碍"创造性毁灭"的体制机制障碍，着力增加创新要素积累、提高人力资本存量、前瞻布局信息基础设施等，提高科技创新、劳动、资本等生产要素的配置效率，促进生产要素积累和全要素生产率提升。

（一）完善创新生态体系，提高技术支撑能力

围绕提升自主创新能力，针对我国创新创业生态体系存在的突出问题，聚焦新一代信息、生物、新能源、新材料、智能制造等关键领域，加快建立产学研对接的创新链和产业链、构建多方参与的创新创业网络、布局一批具有前瞻性的重大科技项目。一是修补创新链，提高科技成果转化率。针对我国创新链在基础研究和产业化之间存在断裂，逐步深化科研事业单位体制改革，围绕行业需求整合现有创新载体和资源，构建新型创新平台，开展行业前沿和竞争性共性关键技术、先进制造基础工艺等方面的研发和产业化，弥补技术研发与产业化之间的创新链缺失，加快打通创新链、产业链、资金链的通道，提高科技成果转化率、强化制造业技术创新基础能力。二是构建创新网络，提高创新系统开放协同性。针对我国各类创新组织之间在创新信息分享、科技人才使用、创新资本流动等方

面开放协同性不够的突出问题，深化行政、事业和国有企业改革，强化政府、企业、科研院所、高校等创新主体的充分互动，推动创新资源在各类组织之间有效流动，形成开放合作的创新网络和形式多样的创新共同体。此外，加强重大前沿领域的战略布局，筑牢创新发展根基。借鉴国外高端产业发展经验，政府牵头组织，联合企业、研究机构、大学等进行协同创新，强化基础研究，推动战略性技术与产品持续取得突破，并向各产业、各领域应用扩散。在智能制造、重点新材料、重点生物技术等新科技产业革命技术重点突破领域继续布局一批重大科技项目，形成支撑我国创新发展的先发优势，孕育一批颠覆性技术，创造出一批新产品、新需求、新业态，为我国相关产业的发展提供强大动力。

（二）推进人力资本培育，提高劳动支撑能力

围绕提高人力资本积累，针对我国关键技术方面高技能人才紧缺、应用技术和工程技术人才偏少的突出矛盾和问题，进一步突出"高精尖缺"导向，加快推进人才发展体制和政策创新，构建有国际竞争力的人才制度优势，提高人才质量、优化人才结构、强化人才激励。一是加快技能型人才培养。前瞻性把握新科技产业发展对劳动力需求的变化趋势，完善职业教育和培训体系，深化产教融合、校企合作，促进职业教育和高等教育融合协调发展，优化创新型、复合型、应用型和技术技能型人才培养机制，培养出适应一线实践领域的技术人才。二是强化高端创新人才培育。以需求为导向，改革院校创新型人才培养模式、优化学科结构、推动科教融合、改革人才评价方式，引导推动人才培养链与产业链、创新链有机衔接，实现高等教育内涵式发展，打造创新人才培育基地，使学术人才和应用人才形成合理的结构。组织实施一批重点人才工程、重大科技任务和攻关项目，在创新实践中着力发现、培养、集聚一批战

略科学家、科技领军人才和企业家人才。三是着重完善人才激励制度。大力实施知识产权和标准战略，强化无形资产保护，提升我国应对新一轮科技革命和产业变革、培育经济增长新动能的软实力。

（三）加快信息设施建设，提高资本支撑能力

围绕提高资本积累，针对新一轮科技革命和产业变革对信息资本、数据资本等资本形态的需求，不断完善科技金融体制、加快信息设施建设，强化资本市场对私用性投资的支持和政府对公用性资本的投资。一是不断完善科技金融体制。把握新科技创新及其产业化对 PE/VC 等金融服务的需求，加快完善资本市场，建立多元化科技融资体制，包括扶持有条件的科技型企业上市融资、适当降低科技创新型企业债券发行条件、建立各类创新创业风险投资基金等。完善科技金融退出机制，为风险投资和创业投资提供便捷的退出渠道，包括完善股权交易市场为风险投资提供顺畅的退出机制，在创新活跃的地区建立区域性产权交易市场，为未上市或者无法上市企业建立股权交易平台。二是着力补足信息基础设施短板。适应新一轮科技革命和产业变革趋势，加快推进大数据、云计算、超级宽带、能源互联网、智能电网、工业互联网等各种信息基础设施建设投资，弥补我国智能基础设施发展的短板，并适当前瞻布局相应领域重大基础设施项目的投资，提升我国应对新一轮科技革命和产业变革、培育经济增长新动能的硬实力。

（四）引导高端产业发展，提高产业支撑能力

围绕促进产业转型升级，针对我国中高端制造业发展能力不足、服务业竞争力不强、产业融合程度不高等突出问题，加快发展先进制造业、提升现代服务业、促进产业融合发展，增强中高端产业的国际竞争力。一是加快发展先进制造业。顺应信息化、数字化和智能化技术在制造业领域大规模运用的趋势，充分发挥我国市场

需求潜力大的优势，加快制定促进新一代信息、生物、新能源、新材料、智能制造产业发展的财税、信贷、进出口政策及中长期发展战略规划，引导先进制造业快速发展。促进制造业企业管理和业务流程创新，推进社会化服务与制造环节的"无缝式对接"，形成先进制造业和现代服务业融合发展。二是提升发展现代服务业。顺应制造业服务化的新趋势，加快现代服务业市场化改革，大力发展研发设计、信息传输服务、计算机和软件服务等与先进制造产业相配套的现代服务业，形成以现代服务业引领先进制造业、先进制造业和现代服务业融合发展的格局。

（五）深化体制机制改革，提高制度支撑能力

围绕创新体制机制，针对新一轮科技革命和产业变革对制度创新的新要求，深化相关配套制度体系改革并加强新技术在社会治理中的应用，着力提升我国适应、参与和引领新科技产业革命的制度支撑能力，抢抓新科技产业革命为我国提供的直道超车的机会。一是推进配套制度改革，优化新科技产业发展的体制环境。强调市场在资源配置的中的决定性作用、更好发挥政府作用，适应产业革命的制度创新是多方面制度共同作用的结果，加快优化制度体系建设，重点破除阻碍技术创新、要素流动的体制机制障碍。如通过科技制度创新引领技术进步方向和技术成果的产业化，通过金融、教育、培训制度创新为新兴产业提供资金支持，通过组织、管理制度创新推广适应新技术、新产业的生产方式，通过社会保障制度创新为新科技产业革命对社会的负面冲击托底。二是推进产业政策转型，优化新科技产业发展的政策环境。坚定抛弃完全否定产业政策的做法及避免不顾历史条件变化直接将过去的一些成功做法套用到新阶段，推进产业政策转型。加快构建适应新科技产业革命突破式技术创新和产业变革趋势的产业政策体系，包括推进产业技术政策目标

由追赶主导型向并跑和领跑主导型转型，产业结构政策由选择识别主导产业的"选择性产业政策"向产业适用范围更广泛的"功能性、普惠性产业政策"转型，产业布局政策由关注国内区域间布局和转移向更加注重产业的全球化布局转型，以及产业组织政策由注重大企业发展向大中小企业融合发展转型，同时构建适应新科技产业融合发展特征的管理体制或部门协调机制。

（执笔人：易信）

第七章 我国消费率影响因素
与变化趋势研究

2014 年以来，我国消费在经济增长中的"压舱石"和"稳定器"作用日益显著。总体上，我国消费率的变化趋势符合国际一般趋势，即随经济发展阶段的变化而呈现"U"型变化趋势。从世界范围来看，我国政府消费率与其他国家相差并不大，变化较为平稳。但是居民消费率明显低于世界任何一个发展阶段的平均水平，而且这种差距在 2008 年前后达到最高值，此后伴随着我国居民消费率的缓慢上升而逐步缩小，这说明未来我国整体消费率还有很大的增长空间。通过理论和实证分析，笔者发现消费率受到经济发展阶段、收入分配体制、贸易依存度、政府财力等多种因素的共同影响。通过预测分析，发现模拟消费率增速较慢，低于与经济发展阶段相适应的消费率，因此，要发挥消费对经济增长的基础性作用，应该从提高劳动报酬占比、优化产业结构、缩小城乡收入差距等多方面着手提高消费率。

最终消费率的高低反映了一国经济增长由内部需求驱动的情况，即是否具有比较强的内生增长动力。我国消费率总体呈"U"

型变化，2011 年成为由降转升的转折点。2017 年，最终消费支出对经济增长的贡献率达到 58.8%，继续保持了第一驱动力的作用。消费规模在稳步增长的同时，消费结构升级明显，消费新模式、新业态和新热点不断释放增长潜力。现阶段，我们需要关注的重点已经从消费率是否偏低以及抑制消费率下降态势，转向科学判断未来我国消费率的总体走势以及进一步提升的空间有多大。在此背景下，研究我国消费率的影响因素和变化趋势是探讨如何增强消费基础性作用的重要内容之一。

一、我国消费率变化趋势分析

（一）我国消费率变动情况及国际比较

1. 我国消费率的总体变动情况

改革开放以来，我国最终消费率的变化可以分为四个阶段：

第一阶段，1978—1991 年。这一阶段是经济总体保持快速增长以及最终消费总体水平较高的时期。改革开放之初以收入分配领域为突破口，深入推进改革，通过提升城乡居民收入水平来激发劳动积极性，不断提高劳动生产率，在提高收入水平的同时通过提高居民消费需求来提高居民生活水平，最终消费支出快速增长，快速增长的消费需求对拉动消费供给、扩大生产促进经济增长发挥了积极作用。

总的来说，这一阶段是最终消费率较高的时期，有效地发挥了消费拉动经济增长应有的作用，但这种拉动是在经济总量较低的情况下实现的，城镇居民消费水平仍有待不断提升，城乡居民消费结果虽然初步完成升级，但也有待进一步不断提升消费结构能级。

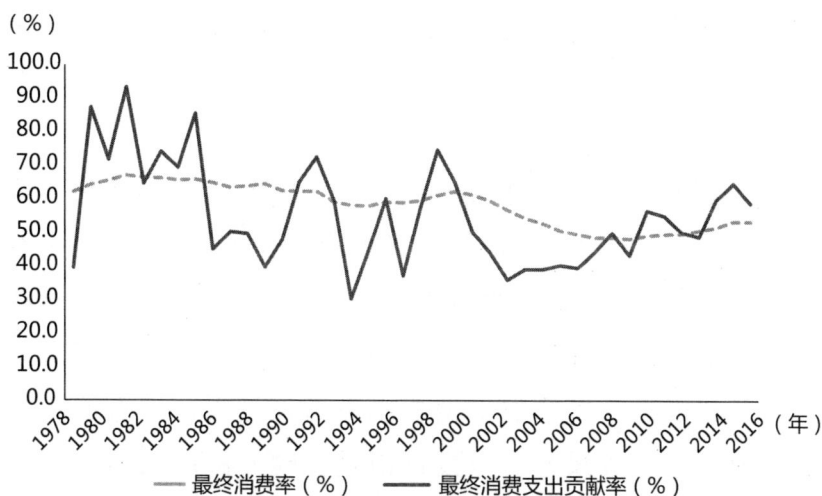

图 7-1　我国消费率和消费贡献率变化趋势

数据来源：《中国统计年鉴 2017》。

第二阶段：1992—1999 年。这一阶段是确立社会主义市场经济体制改革目标的初期阶段，也是最终消费率处于较高水平的阶段，最终消费支出较好地发挥了拉动经济增长的作用。这一时期年均最终消费率为 60.2%，不过相较于 1978 年至 1991 年的 64.7% 的水平存在一定的差距。1993 年是改革开放以来首次最终消费率降到 60% 以下，当年最终消费率仅有 59.3%，此后一直在 60% 左右浮动，至 1999 年增加至 62.7%。这一阶段中受投资拉动的影响，1994、1995 年出现了改革开放以来截至目前最为严重的通货膨胀，与 1988 年那次通货膨胀对最终消费率没有实质性的影响相同，1994 年与 1995 年的最终消费率在经济保持高速增长的情况下有所下降。

第三阶段，2000—2010 年。这一阶段是深入推进改革开放，经济高速增长而最终消费率持续下降的时期。最终消费率由

2000 年的 63.7% 快速下降至 2010 年的 49.1%，达到了最终消费率的历史最低点，最终消费支出对经济增长的拉动作用不断下降。

这一阶段，自 2003 年最终消费率下降至 60% 以下后，进入另一个快速下降的时期，最终消费率的快速下降是多种因素共同作用的结果，过低的最终消费率既反映了最终消费支出、资本形成总额与服务和货物净出口间的不平衡，也说明公众难以有效分享改革开放成果，城乡居民消费水平增长过缓，扩大消费使公众分享改革开放成果与有效发挥消费拉动经济增长的作用任重道远。

第四阶段，2011 年至今。这一阶段是在经济增长速度逐步放缓以及外需情况发生根本变化等多种因素作用下，经济逐步步入新常态而最终消费率终于停止下降并逐步回升的时期。最终消费率于 2014 年再次回升到 50% 以上，达到 50.7%，至 2017 年达到 53.6%，但仍然处于较低的水平。

随着步入以中速经济增长为主要特征并不断提升经济增长质量的新常态，在深入推进供给侧结构性改革的过程中，最终消费率虽然总体呈现不断上升的趋势，但增长速度较为缓慢。最终消费支出将更有效地发挥拉动经济增长的作用，经济将保持较为稳定的增长态势。

就消费率的居民—政府消费结构而言，两者之间的差距逐步缩小。居民部门消费占最终消费的比重维持在 70%—80% 之间，政府部门消费占比维持在 20%—30% 之间。但是改革开放以来，两者之间的差距呈现逐步缩小的趋势，从 1978 年的 78.8∶21.2 变为 2016 年的 73.1∶26.9。

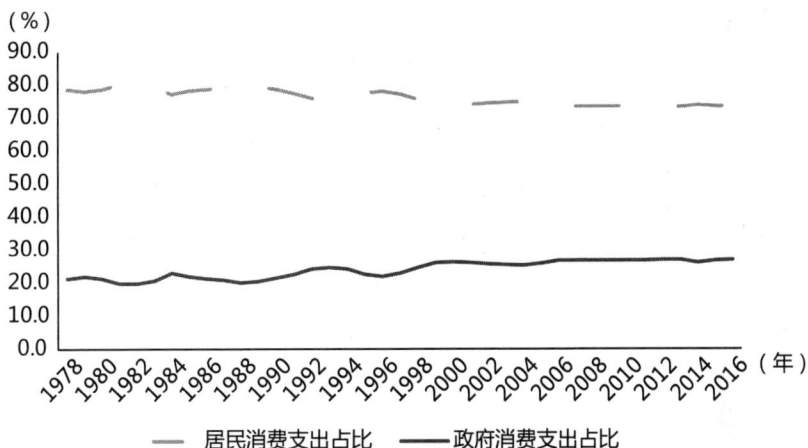

图7-2　居民—政府消费结构变化

数据来源:《中国统计年鉴2017》《2017年统计摘要》。

改革开放以来,政府消费率平均14.3%,而同期年均居民消费率为45.1%,居民消费率仅勉强超过政府消费率的两倍,相对较高的政府消费比重虽然为拉动经济增长发挥了一定的作用,但是也从另外一方面反映了最终消费率的下降主要是由居民消费率的下降引起的,因此需要不断提高居民消费,同时政府消费在一定程度上也挤占了居民消费。在1997年前,除了个别年份外政府消费在最终消费中的比例较低,而1998年后,政府消费在最终消费中的比例相对较高,政府消费比例较高与财政收入及税收不断提升有关,虽然政府消费也在一定程度上能发挥拉动经济增长的作用,但是政府消费过高不但影响到居民消费的提高,而且也不利于实现公平与效率。

2. 消费率的国际比较

(1)最终消费率的国际比较

钱纳里的研究表明,从一个国家不同时期最终消费率的变动情况以及同一时期不同收入水平国家的最终消费率变动情况而言,随着工业化进程的推进和人均 GDP 水平的提高，最终消费率变动一般大体呈现出先降后升的"U"型变化趋势。在不同收入水平的国家，最终消费率的变动情况不同，但总的来看，从低收入水平国家到下中等收入国家、上中等收入国家以及高收入国家中，最终消费率一般经历一个逐步下降再上升的过程。

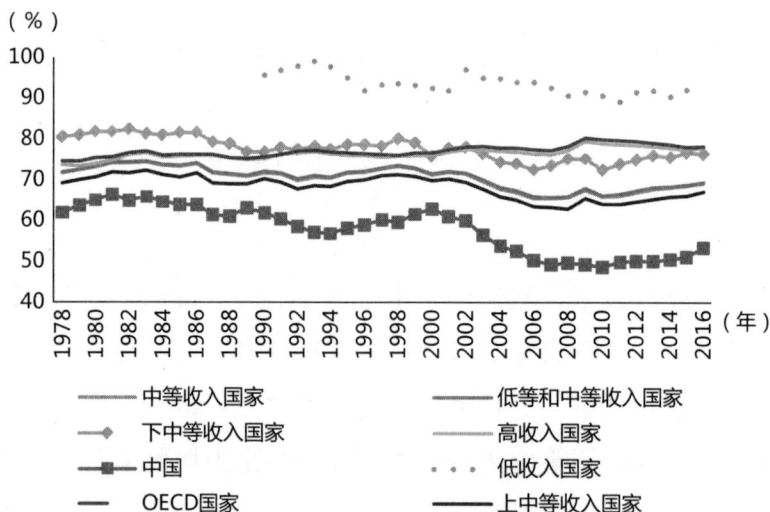

图 7-3　最终消费率的国际比较

数据来源：世界银行 WDI 数据库。

在经济发展的初期阶段，当经济总量水平较低时，居民收入的绝大部分用于满足基本消费需求，最终消费率处于较高的水平，随着收入水平的不断提高，居民购买力不断增强，消费层次不断被满足，收入中用于居民消费的比例不断下降，最终消费率也相应不断下降。这种消费率的下降是不可持续的，当下降到一定阶段后，最终消费率将逐步趋稳，随着经济的进一步增长以及生活水平的不断提升与消费需求的不断扩大，最终消费率也将步入一个逐步上升的状态，最后将保持相对稳定。从图 7-3 中可以看出，高收入国家和

OECD 国家的消费率在90年代以后基本处于相对稳定的状态，上中等收入国家和中等收入国家在金融危机以后开始缓慢上升，我国则在2011年以后由降转升，中下等收入国家的消费率变化趋势则处于相对波动的状态，但是不难看出其在2010年以后出现小幅的回升，低收入国家的消费率处于最高的水平，且自90年代以来呈现出波动式下降的趋势。

从图7-3中可以看出，改革开放以来，我国最终消费率低于所有类型国家的平均最终消费率水平，但是其发展变化也大体遵循了"U"型的一般发展趋势，2010年降低到最低点48.7%的水平，此后最终消费率经历了一个逐步回升的变化趋势。但是虽然如此，从世界范围来看，中国的最终消费率仍然处于相对较低的水平，最终消费支出对拉动经济增长的作用还有很大的潜力和提升的空间。

（2）政府消费率的国际比较

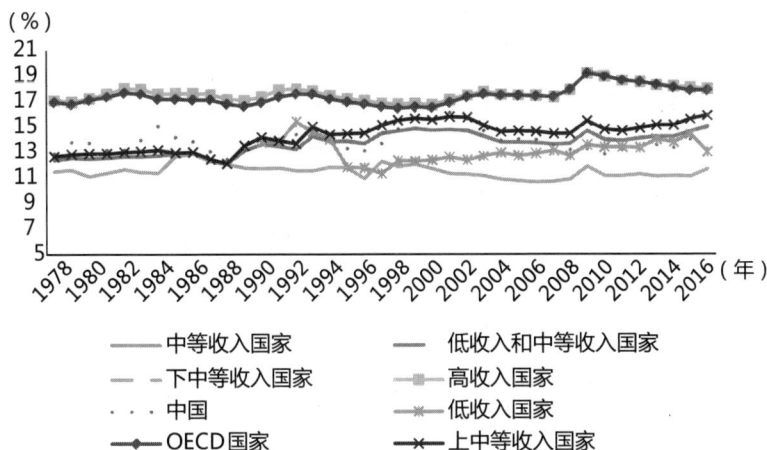

图 7-4　政府消费率的国际比较

数据来源：世界银行 WDI 数据库。

从世界范围来看，我国政府消费率与其他国家相差并不大，变化较为平稳。但是不难看出，一般说来，政府消费率与国家经济发展水平呈正比例关系，即经济发展水平越高，政府消费率相对越高。以2016年为例，低收入国家的政府消费率为13%，中上等收入国家的消费率为15.9%，而高收入国家和OECD国家的政府消费率分别为17.9%和17.8%。但是我国2016年的政府消费率为14.4%，仅从政府消费率来看，我国与中等收入国家的14.9%相比略低，但是如果综合整体消费率不难发现，我国政府消费率水平则处于相对较高的水平。

（3）居民消费率的国际比较

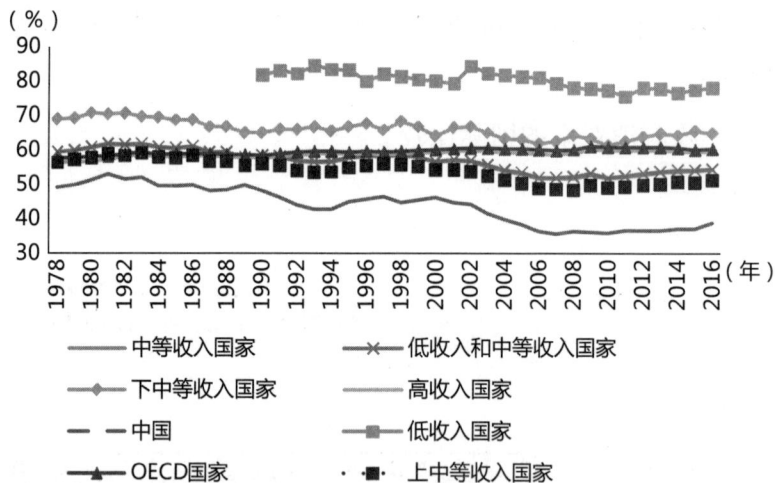

图7-5　居民消费率的国际比较

数据来源：世界银行WDI数据库。

居民消费作为最终消费支出的主要内容，使居民消费率保持在一个较高的水平，是确保公众分享改革开放成果以及发挥消费拉动经济增长作用的重要保障。而我国居民消费率大大低于其他国家居民消费率的水平。从图 7-5 中可以看出，改革开放以来，我国居民消费率经历了缓慢下降到缓慢上升的过程，其变化趋势与中上等收入国家及低等和中等收入国家变化趋势类似，大概可以分为四个阶段，一是从 1978 年到 1993 年，这一阶段的居民消费率均呈现出缓慢下降的趋势，此后一直到 2000 年左右，居民消费率则一直保持相对上升的状态，从 2000 年到金融危机前后，则呈现出缓慢下降的趋势，在金融危机以后开始缓慢上升，而高收入国家和 OECD 国家则保持相对稳定的上升变化趋势，低收入国家一直呈现缓慢下降的趋势。但是不难看出，我国的居民消费率明显低于世界任何一个发展阶段的平均水平，而且这种差距在 2008 年前后达到最高值，此后伴随着我国居民消费率的缓慢上升而逐步缩小。

3. 小结

通过总体分析以及国际比较可以看出我国消费率主要呈现以下特征：

第一，改革开放以来，我国消费率总体呈现出"U"型变化趋势，且大概可以分为四个阶段，1978—1994 年，1994—2000 年，2000—2010 年，2010 年至今，这四个阶段与当时经济发展环境和政策背景有着一定的吻合性。

第二，从居民—政府消费结构来看，两者占最终消费的比率保持相对稳定的状态，但是近年来随着政府消费支出占最终消费总支出的比重缓慢增加，两者占比的差距在逐步缩小，通过与国际其他国家的对比不难看出，我国政府消费支出相对于居民消费支出略微偏高。

第三，通过国际比较可以看出，改革开放以来，我国消费率的变化趋势与国际上同等发展阶段的国家有着类似的变化趋势，但是从绝对水平来看，我国消费率总体处于偏低的水平，消费率还有很大的提升空间。

（二）我国消费率变化的新特点和新趋势

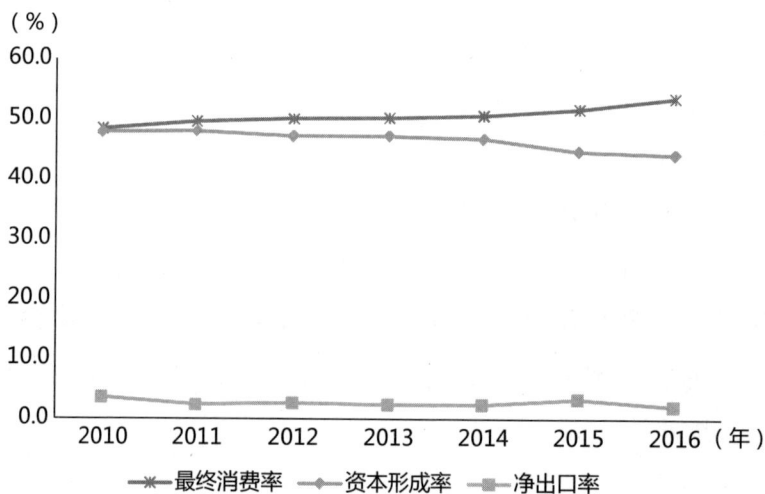

图 7-6　2010 年以来我国三大需求变化情况

数据来源：《2017 年中国统计年鉴》。

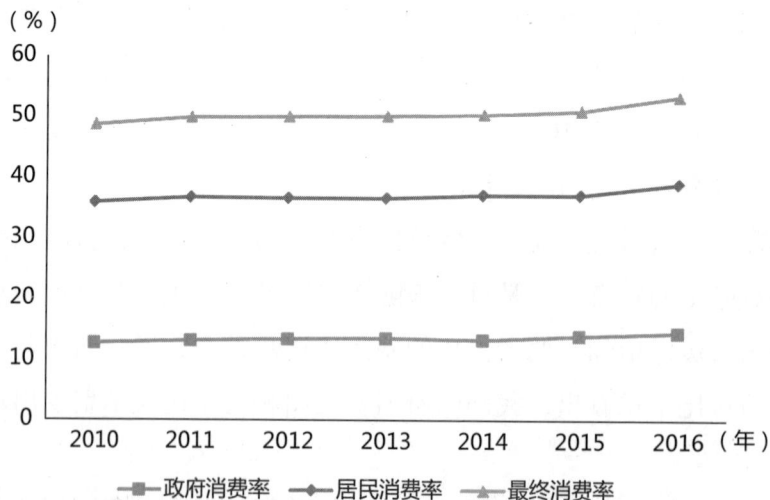

图 7-7　2010 年以来我国消费率变化情况

数据来源：《2017 年中国统计年鉴》。

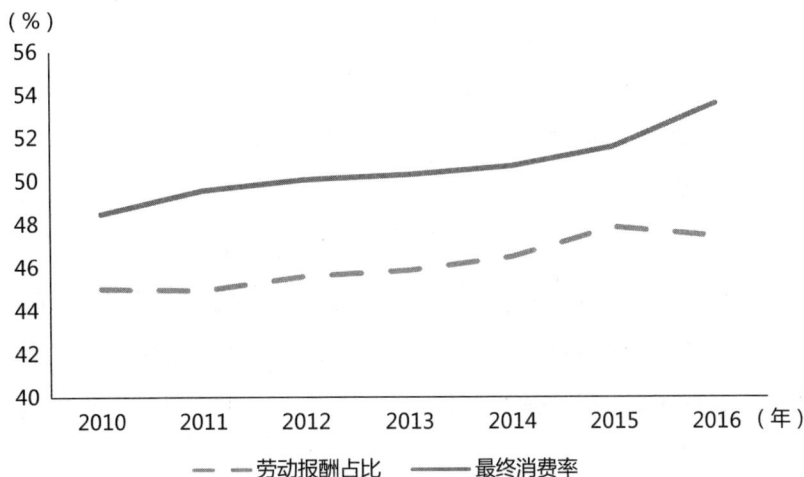

图 7-8　2010 年以来劳动报酬占比与最终消费率

数据来源:《2017 年中国统计年鉴》。

2010 年以来，最终消费率呈现逐步增加的趋势，而资本形成率和净出口率则呈现相对下降的趋势，因此，从总体上而言，我国消费率自 2010 年以后开始缓慢回升并且呈现出新的特征。

消费率为最终消费支出占 GDP 的比重，即: $CR = \frac{C}{GDP} = \frac{LINC}{GDP} * \frac{C}{LINC}$，也就是说，消费率最终可以分解为劳动报酬占比与消费占总支出的比重的乘积。从图 7-8 中可以看出，2010 年以来，劳动报酬占比和最终消费率一样，均呈现稳步增长的趋势，但是 2015 年到 2016 年期间，劳动报酬占比却出现下降的趋势。消费率的变化趋势与之相反，从 2015 年的 51.6% 增加到 2016 年的 53.6%，

金融危机以后，我国经济发展环境面临新的挑战。为应对国际金融危机带来的外需萎缩冲击，我国积极进行经济结构调整和转型升级，把改善供给机构作为主攻方向，同时适度扩大总需求，特别是牢牢把握住扩大内需这一战略基点，着力发挥消费的基础性作用和投资对优化供给结构的关键性作用，使得内需对我国经济增长的贡献不断

提升。这一阶段出台的各种促进消费的政策措施，包括六大消费工程、十大扩消费行动等，大力促进了旅游、文化、体育、健康、养老、教育培训等幸福产业服务消费提质扩容，通过增加服务消费领域的有效供给，有效释放居民消费潜力，促进经济持续健康发展。

这一阶段，居民收入保持较快增长，消费升级势能持续增强，2013—2017年，全国居民人均可支配收入年均增长7.4%，高于同期GDP增速0.3个百分点。2017年，最终消费支出对经济增长的贡献率为58.8%，比2007年提高13.5个百分点，成为经济稳定运行的"压舱石"。

居民消费转型升级潜力巨大，一是物质型消费升级步伐加快。2017年，我国居民消费恩格尔系数已降至29.3%，食物支出之外的穿住用行等物质型消费比例上升，潜力很大。我国人均耐用消费品与发达国家还有较大差距。2017年底，我国居民每百户拥有汽车29.7辆，而美国每百户拥有汽车超过200辆，欧洲一些发达国家超过150辆。随着人均收入水平的持续提高和优质供给不断增加，将进一步为消费升级提供支撑。二是信息、医疗、养老、家政、旅游等服务型消费空间刚刚打开。2017年，我国信息消费规模达4.5万亿元。今年春节期间，全国接待游客同比增长12.1%，旅游收入增长12.6%，春节档电影票房收入增长超过60%。三是城镇化的快速推进将进一步拓展消费空间。2017年末我国常住人口城镇化率为58.52%，距离发达国家80%左右的平均水平还有很大差距。据初步测算，城镇化率每提高1个百分点，拉动消费增长近2个百分点。最后，新一代消费群体引领消费市场发展格局正在形成。随着我国人口结构的变化和城乡居民收入水平的提高，我国消费群体结构正在发生重大变化，日益壮大的中等收入群体和"80后""90后"乃至"00后"的新生代，正在成为消费市场增长的主力。

消费新业态新模式发展势头迅猛，线上线下加速融合。"互联网+"与更多传统消费领域加速渗透融合，网上购物、网上订餐等新兴消费业态发展势头强劲，2018年前两个月，全国实物商品网上零售额达9073亿元，增长35.6%，同比加快10.1个百分点，占社会消费品零售总额的比重达到14.9%，比去年同期提升了3.8个百分点。另外，电商推动农村消费规模稳步扩大，物流、电信、交通等农村消费基础设施进一步完善，电子商务不断向广大农村地区延伸覆盖，促进农村居民消费潜力持续释放。

因此，2010年以来，最终消费率、居民消费率与政府消费率均呈现稳步增长的趋势，尤其是2015年到2016年，消费率更是呈现台阶式上涨的趋势，居民消费率的变动与最终消费率变动趋势较为一致，政府消费率则保持较为平稳的趋势。

二、我国消费率变化的影响因素分析

（一）消费率变动影响因素的理论分析

消费率是体现一国需求结构的间接表征指标，其背后的客观事实是消费相对于投资和净出口的增长快慢。因此，影响消费率变动的因素在本质上包括两大类：一类是影响消费本身变化的因素，即微观消费个体在储蓄—消费选择中更倾向于消费还是投资，消费是否实现了合理、正常的增长；另一类是影响消费相对于投资和净出口的增速变化的因素，即消费是否实现了相对于投资和净出口更快的增长，从而支撑其在经济增长中作用的提升。因此，严格意义上讲，各类因素是直接对消费本身和消费相对增速的变化产生了影响，从而间接反映为对消费率的影响。这应该是我们在理论和实证分析影响消费率变动因素中必须认识清楚的作用机制。消费率的变动是经济发展过程中多种要素共同作用的结果，经济发展阶段、收入分

配体制、消费供给、人口结构等因素均会对消费率的变化产生影响。

（1）经济发展阶段与消费率变动。工业化的初期阶段，产业结构以传统农业为主，收入相对较低，基本用于满足消费，对资本积累的贡献相对有限，因此在工业化初期阶段，消费率相对较低。工业化进入中期阶段，工业的发展刺激了投资的扩大，投资成为经济增长新的动力机制，这一阶段则表现出投资率高而消费率低的现象。随着工业化发展进入中后期阶段，第三产业发展相对较快，第三产业所需投资相较第二产业低的同时能够更好地满足消费者消费升级的需求，因而消费重新取代投资成为经济增长的主要驱动力。

（2）收入分配与消费率变动。凯恩斯的绝对收入假说、杜森贝里的相对收入假说和弗里德曼的永久收入假说，都把收入作为影响消费的决定因素。一方面，政府、企业和居民之间的收入分配格局决定了政府、企业和居民收入所占比重的关系。政府和企业在国民收入分配中所占比例不断上升反映了政府和企业所得增长快于居民所得的增长，政府和企业倾向于将较多的收入用于投资，从而推高全社会投资增长速度，而居民收入增长较慢和占比下降，导致居民消费率的减少，从而导致最终消费率的变化。另一方面，在不同收入群体之间，高收入群体储蓄倾向高，低收入群体消费倾向高。因此，高收入群体收入水平越高、收入增长速度越快，社会储蓄越多，越不利于消费（马晓河，2010）。因此，收入分配情况对消费率产生重要的影响。

（3）人口年龄结构与消费率变动。根据生命周期假说，消费者将一生的预期总收入在不同年龄阶段进行最优配置以取得跨期效用最大化。劳动人口的收入除了用于自己消费以外，一部分用于抚养下一代，一部分储蓄起来用于退休后的生活，因此，当一个国家的劳动人口比重上升的时候，其消费率应该是下降的。但是，当工作人口比重的上升伴随着长期人均收入水平的增长，人们可能预期将来收入的增长而增加消费，这会部分抵消劳动人口比重上升而引起的总储蓄率的上升。就我国情况而言，目前面临着少儿出生比下降和老龄化并存的现象。因此，人口年龄结构必然对我国消费率产生影响。

（4）社会保障与消费率。Feldstein 基于一般的生命周期理论，区分了资产替代效用和退休效用，认为社会保障水平对消费和储蓄的效用是二者相互作用后产生的净效用，并通过美国 1929—1971 年的时间序列数据研究发现，社会保障水平对消费存在明显的正向作用。考虑到我国城乡二元经济结构，如果对城镇和农村分别进行研究则可以发现，长期均衡中的社会保障支出对消费水平存在明显的正向影响，而且农村社会保障支出对消费的促进作用更明显（李国璋、梁赛，2013）。

（5）网络经济与消费率。一方面，网络经济在拉动直接就业和带动就业方面作用显著。麦肯锡报告显示（2011 年），互联网每摧毁 1 个就业岗位，便创造 2.6 个就业岗位，这从整体上带来收入的增加。另一方面，网络经济的发展改善了消费条件，降低了消费实现成本，从而改变了消费者在既定约束下的选择行为和消费习惯。2017 年，我国实物商品网上零售额占社会消费品零售总额的 14.9%，同比增长 28%。因此，从理论上而言，网络经济的发展能够推动消费率的提升。

（二）消费率变动影响因素的实证分析

通过上述理论分析，不难看出，影响消费率的变动因素较为复杂，尤其是近年来消费市场出现的新情况和新特征，对未来消费率变化和演变趋势提出新的挑战，因此，将上述影响因素进行量化，通过实证分析，厘清上述因素对消费率演变的影响机理，在对消费率影响因素进行实证分析的过程中，我们结合上述理论分析情况和已有的实证研究，主要引入以下变量：

经济发展程度，用城镇化率（UR）衡量及其平方项（UR^2），若城镇化率系数为负、其平方项系数为正，则说明我国消费率在经济发展过程中可能呈现出先下降后上升的"U"型发展态势；

收入分配情况，引入城乡收入差距和劳动报酬占比来衡量，分别使用城镇居民可支配收入与农村居民纯收入之比（URINC，2013年之后实行全国统一居民调查数据，则变为农村居民可支配收入，本研究对此进行了相应的调整）以及劳动报酬占 GDP 比重（LINC）来表示，预期城乡收入差距与消费率呈反向变动关系，劳动报酬占比与消费率呈正向变动关系；

产业结构，以第三产业增加值占 GDP 比重（THGDP）作为产业结构的表征，同时引入第三产业增加值占 GDP 增加值的平方项，同经济发展程度情况类似，预期产业结构系数为负、其平方项系数为正；

对外开放程度，以度外依存度—进出口总额占 GDP 比重（EXIN）表示，预期对外开放程度与消费率呈正向变动关系；

政府财力，以政府财政收入占 GDP 比重（FININC）来表示，由于我国政府消费率与居民消费率在最终消费中所占比重相对较为固定，而且近年来政府消费变化趋稳，在这里预期政府财力与消费率呈反向变动趋势；

人口年龄结构，在这里以人口抚养比（DRP）来表示，这里预期人口抚养比与消费率呈正向变动关系。

本文采用的数据来源于历年中国统计年鉴、各地方历年统计年鉴、wind 资讯、新中国统计资料汇编、中国国内生产总值核算历史资料（1952—2004）、历年中国人口和就业统计年鉴，同时对相关数据进行调整，同时本研究剔除了前后数据可比的四川省、重庆市和数据质量问题（缺失较多）的西藏自治区。另外，值得说明的是，由于各地区人口抚养比的数据仅为 1990 年到 2016 年，因此，本文在进行面板数据分析的时，将进行两次分析。

第一次分析适用的数据包括 1978—2016 年经济发展程度、收入分配情况、产业结构、对外开放程度、政府财力等相关数据，暂不引入人口年龄结构数据，计量模型表达式为：

$$RC_{it} = \alpha_0 + \alpha X_{it} + \mu_{it} \qquad （1）$$

其中，RC_{it} 为 i 省 t 年的消费率，μ_{it} 为残差项，α 是本研究中实证研究所关注的待估计参数，度量了各变量对我国最终消费率的影响，包括经济发展程度、收入分配情况、产业结构、对外开放程度及政府财力，估计的时间段为 1978—2016 年。

第二次分析则纳入了人口抚养比作为解释变量，估计方程如下所示：

$$RC_{it} = \beta_0 + \beta Y_{it} + \varepsilon_{it} \qquad （2）$$

与式（1）类似，RC_{it} 为 i 省 t 年的消费率，ε_{it} 为残差项，β 是本研究中实证研究所关注的待估计参数，度量了各变量对我国最终消费率的影响，包括经济发展程度、收入分配情况、产业结构、对外开放程度、政府财力以及人口抚养比，即在式（2）中纳入了人口抚养比作为解释变量，同时由于数据可得性的限制，估计的时间段为 1990—2016 年。

表 7-1　未纳入人口抚养比的消费率影响因素分析

	模型 1	模型 2	模型 3	模型 4	模型 5
UR	−0.53*** （−8.09）	−0.49*** （−7.41）	−0.53*** （−7.98）	−0.63*** （−9.36）	−0.36*** （−5.7）
UR²	0.004*** （5.65）	0.0035*** （4.94）	0.0045*** （6.21）	0.0065*** （8.87）	0.0026*** （3.75）

续表

	模型 1	模型 2	模型 3	模型 4	模型 5
URINC	-3.75*** （-6.87）	-2.55*** （-4.95）	-3.92*** （-7.04）	-3.72*** （-6.35）	-4.56*** （-8.76）
LINC	0.44*** （10.03）	0.51*** （12.18）	0.43*** （9.81）	0.34*** （7.63）	0.39*** （10.37）
THGDP	-0.66*** （-5.55）	-0.66*** （-5.43）	-0.753*** （-6.23）	-0.78*** （-6.33）	-1.097*** （-9.61）
$THGDP^2$	0.008*** （5.7）	0.008*** （5.37）	0.0087*** （6.01）	0.008*** （5.35）	0.011*** （8.18）
EXIN	0.019*** （2.33）	0.013 （1.62）	0.025*** （2.99）	0.026*** （3.17）	0.02*** （2.67）
FININC	-0.22*** （-4.98）	-0.22*** （-4.97）	-0.189*** （-4.22）	-0.083* （-1.8）	-0.195*** （-4.57）
常数项	73.02*** （17.91）	65.88*** （16.24）	74.38*** （18.28）	78.77*** （19.27）	65.24*** （16.77）
R^2	0.555	0.416	0.559	0.552	0.649
样本量	1017	1017	989	933	1017

注：***、**、** 分别表示在 1%、5% 和 10% 置信水平上显著，括号内为 t 值。

表 7-1 报告了基于计量方程（1）的回归结果，其中模型 1 为标准固定模型，模型 2 为随机效应模型，模型 3 为解释变量滞后 1 期模型，模型 4 为解释变量滞后 3 期模型，模型 5 以居民消费率为被解释变量。

从模型 1 的回归结果中可以看出，所有变量均符合预期且模拟效果显著。城镇化率和第三产业发展程度与最终消费率呈现"U"型关系，这充分印证了最终消费率随着经济发展阶段而呈现出"U"型的发展趋势。城乡收入差距的系数与理论预期相符，城乡收入比扩大 1 个单位，居民消费率将会下降 3.75 个百分点；劳动报酬占 GDP 的比重与最终消费率之间呈现正向变化的关系，即劳动报酬占比每增加 1 个单位将带来最终消费率增加 0.44 个单位；同时，开放程度越高（贸易依存度）的地区，居民消费率越高，这一点与我国对外贸易的基本事实相一致：我国的对外贸易主要集中于劳动密集型部门，对外开放将提高经济中劳动密集型部门比例，进而提高居民收入和消费率，外贸依存度每提高 1 个百分点，将带来消费率提高 0.019 个百分点；地方财政收入对消费率的影响是负向的，由于我国居民消费率在最终消费率中占比较大，这说明政府干预对最终消费率存在抑制作用，地方财政收入每增加 1 个单位，将带来消费率下降 0.22。表 7-1 中的其他各列主要用于检验固定模型的稳健性。

模型 2 报告了随机效应模型的结果，回归结果与固定效应模型基本一致，但霍斯曼检验拒绝了随机效应模型的假设，因而表 7-1 后续回归模型均以固定效应模型为基准。考虑到其他变量对消费率的影响可能存在滞后性。模型 3 和模型 4 分别报告了解释变量滞后 1 期和滞后 3 期的回归结果，比较有意思的是，所有解释变量滞后 1 期对回归结果影响并不大，系数依然与模型 1 一致，但是在滞后 3 期的分析中，结果显示，政府财力对消费率的影响在滞后三期的时候其影响力将会逐渐降低。从模型 5 的结果中可以看出，城乡收入差距对居民消费率的负面影响更大，这其实也是符合预期的，因为城乡收入差距主要是通过影响居民消费率对最终消费率产生影响，而对政府消费率的影响较弱。

由此，式（1）的估计结果用公式表达如下：

$$RC=73.02-0.53UR+0.004UR^2-3.75URINC+0.44LINC-0.66THGDP+0.008THGDP^2+0.019EXIN-0.22FININC$$

因此，在未纳入人口抚养比的情况下，经济发展阶段与消费率呈现"U"型的变化关系，城乡收入差距和政府财力对消费率的影响是负向的，劳动报酬占比、对外依存度对消费率的影响是正向的。

表 7-2　纳入人口抚养比的消费率影响因素分析

	（1） cr	（2） cr	（3） cr	（4） cr	（5） ccr
UR	−0.528***	−0.508***	−0.466***	−0.509***	−0.357***
	（−6.95）	（−6.71）	（−6.29）	（−6.65）	（−5.78）
UR^2	0.00496***	0.00481***	0.00506***	0.00634***	0.00383***
	（6.24）	（6.11）	（6.53）	（7.89）	（5.93）
URINC	−0.567	1.502*	−1.579*	−4.749***	−0.987
	（−0.78）	（2.49）	（−2.22）	（−6.30）	（−1.67）
LINC	0.333***	0.387***	0.357***	0.280***	0.312***
	（7.08）	（8.60）	（7.79）	（6.00）	（8.15）
THGDP	−0.260	−0.00784	−0.245	−0.458*	−0.306
	（−1.26）	（−0.04）	（−1.21）	（−2.13）	（−1.82）
$THGDP^2$	0.00562*	0.00249	0.00570*	0.00623**	0.00469*
	（2.44）	（1.14）	（2.54）	（2.62）	（2.50）
EXIN	0.0262	−0.00382	0.0252	0.0291*	0.00239
	（1.86）	（−0.32）	（1.84）	（2.09）	（0.21）
FININC	−0.207*	−0.0861	−0.289**	−0.123	−0.149*
	（−2.30）	（−0.98）	（−3.30）	（−1.38）	（−2.03）
DRP	0.336***	0.375***	0.322***	0.231***	0.450***
	（7.71）	（8.80）	（7.56）	（5.29）	（12.68）
常数项	39.80***	24.27***	38.68***	59.70***	20.24***
	（5.48）	（3.72）	（5.46）	（8.14）	（3.43）
R^2	0.317	0.496	0.215	0.032	0.243
样本量	687	687	687	631	687

注：***、**、** 分别表示在1%、5%和10%置信水平上显著，括号内为t值。

表 7-2 报告了基于计量式（1）的回归结果，与式（1）的估计类似，在这里面，其中模型 1 为标准固定模型，模型 2 为随机效应模型，模型 3 为解释变量滞后 1 期模型，模型 4 为解释变量滞后

3 期模型，模型 5 以居民消费率为被解释变量。从模型分析的结果中可以看出，人口抚养比的变化对消费率的影响是显著的，模型 5 显示人口抚养比的变化对居民消费率的影响作用更大，这是因为人口抚养比的变化更多的是直接影响到居民消费，进而影响居民消费率，对政府消费的影响并没有那么大。模型 3 和模型 4 的结果显示人口抚养滞后 1 期和滞后 3 期对消费率的影响也是显著的。但是从回归结果中可以看出，纳入人口抚养比因素的消费率影响模型是不稳健的，因此，我们有理由认为人口抚养比的变化对消费率的影响并不显著。

三、我国消费率变化的模拟与趋势判断

（一）消费率变化模拟

利用上述估计模型得到实际最终消费率与模拟最终消费率，结果如图 7-9 所示，值得说明的是，城乡收入差距作为重要的影响因素，1979 年数据缺失，因此对于消费率的模拟将基于 1980—2016 年数据。

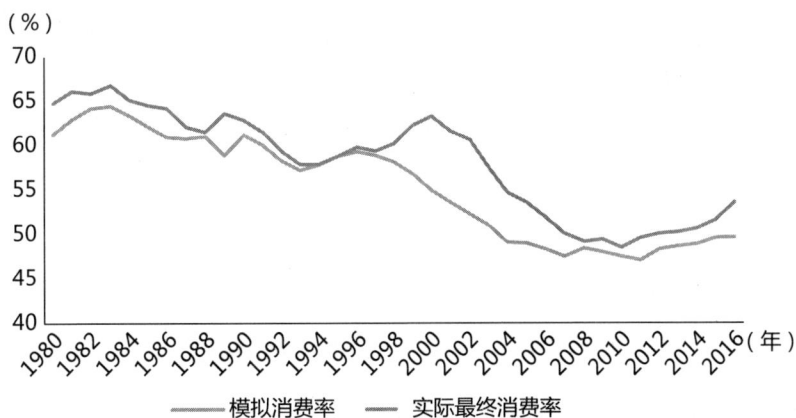

图 7-9　模拟消费率与实际最终消费率

从图 7-9 可以看出，模拟消费率与实际最终消费率趋势基本一致，但是 2000 年到 2007 年这段时间模拟误差较大，这可能是因为加入 WTO 以后，这段时间外贸依存度猛增，但是模型并没有明显地反映出来。但是可以预期的是，随着外贸形势发生变化，我国外贸依存度将会逐渐减弱，因此模型模拟的效果逐渐变好。

因此，接下来本研究将基于上述模型对未来消费率变化进行预测。

（二）消费率影响因素预测

根据上述分析，2018 年以后影响消费率的主要因素包括城镇化率、城乡收入差距、劳动报酬占比、第三产业占 GDP 比重、进出口总额占 GDP 比重以及政府财政收入占 GDP 比重。

城镇化率。根据已有研究成果，2018 年中国城镇常驻人口将达到 81 亿，"十三五"期间城镇化持续发展的态势不会改变。但是随着城镇化水平的逐步提高，我国的城镇化速度可能会逐渐降低，到 2035 年我国基本实现社会主义现代化，此时城镇化率为 72% 左右。

城乡收入差距。按照到 2020 年，实现国内生产总值和城乡居民人均收入比 2010 年翻一番的目标，预计 2020 年，城镇居民可支配收入与农村居民可支配收入的差距将缩小到 2.5∶1。此后，随着城镇化进程的推进，还将进一步缩小，预计 2025 年缩小到 2.3∶1，2035 年全面实现现代化，城乡区域发展差距和居民生活水平差距显著缩小，基本公共服务均等化基本实现，此时城乡收入差距有望缩小到 1.5∶1，甚至更小。

劳动者报酬占比。十九大报告提出，要坚持在经济增长的同时实现居民收入同步增长、在劳动生产率提高的同时实现劳动报酬同步提高。据此，推断劳动者报酬占 GDP 比重还将进一步提升。2025—2035 年，在全面建成小康社会的基础上基本实现现代化，

达到中等发达国家的水平，此时劳动报酬占比应该维持在 55%
左右。

第三产业占 GDP 比重。"十三五"规划提出，"十三五"期间，
我国服务业有望保持快速发展，预计到 2020 年，服务业增加值比
重将提高到 56%。可以依据此推算 2018 年到 2020 年服务业增加
值比重，到 2025 年，服务业增加值占国民生产总值比重将达到六
成，服务业在我国经济中的主导地位将正式确立。

进出口总额占 GDP 比重。根据近年来我国进出口总额在 GDP
中占比发展趋势以及外贸环境的变化，预计 2025 年，我国进出口
总额占 GDP 比重大概在 30% 左右。

政府财政收入占 GDP 比重。依据近年来我国财政收入占 GDP
比重变化趋势以及未来政府财政收入增长情况及 GDP 增长情况，
对其进行测算。

因此，根据上述影响因素未来变化趋势，可到未来我国理论消
费率的预测情况（见表 7-3）。

表 7-3　模拟中长期消费率预测

年份	模拟消费率	调整后的模拟消费率
2018	50.53912	52.3
2019	51.1902	53
2020	51.9113	53.5
2021	52.4171	54.2
2022	53.4398	54.8
2023	53.8142	55.1
2024	54.0233	55.8
2025	54.6231	56.2
2030	56.8511	57.5
2035	61.1606	62.9

从表 7-3 中可以看出，通过模型模拟预测的 2018 年我国消费率为 50.54%，到 2025 年为 54.6%，但是 2017 年我国消费率已为 53.6%。不可否认的是，与国际上模型模拟预测的消费率相比可能要低于经济发展阶段应有的消费率。一方面，我国消费率在不同的阶段，其影响因素可能会发生变化，而且可能其影响因素在不同阶段发生作用的大小是不一样的，另一方面，上述模型已经根据理论分析将大部分可能影响消费率的因素纳入模型。因此，暂时使用上述模型进行模拟预测，但是需要进行相关的调整，如随着互联网技术的发展，互联网可能会促进居民消费的提升，调整后的结果见表 7-3 右侧。根据预测结果，要发挥消费对经济增长的基础性作用，还需要从多方面着手提高最终消费率。

四、政策建议

通过上述对影响消费率变化的理论分析和实证分析以及对消费的预测，不难看出，我国经济发展阶段、收入分配情况、产业结构、进出口情况以及政府财政收入均对我国最终消费率产生影响，基于此，要增强消费对经济的基础性作用，我们应该在深入推进供给侧结构性改革的过程中，着力提高劳动者报酬、缩小城乡收入差距以及优化产业结构等。

1. **深入推进收入分配体制改革，不断提升劳动者报酬，持续提高劳动者收入，从而促进消费率的提高。**根据 2020 年城乡居民人均收入水平比 2010 年翻一番的目标，深入推进收入分配体制改革，妥善处理公平与效率的关系，有效发挥公平与效率的合力，从初次分配环节即适当向劳动者倾斜，在收入分配再分配环节不断加大向公众转移支付力度，构建不断推进提升劳动者报酬的体制机制，持续提升公众收入水平与消费力度。进一步治理收入分配不公，努力消除收入分配领域存在的各种腐败，坚决清理各种不合理收入，有效缩小收入分配差距，扩大中等收入群体比重，提高消费率。

2.进一步缩小城乡收入差距，促进消费率提高。低收入群体平均消费倾向和边际消费倾向往往更高，提高消费率应该将提高低收入群体的消费水平作为一个方向，尤其是提高农村居民的消费水平，因此，需要进一步缩小城乡收入差距，改善城乡收入分配格局，应该按照新时期的发展要求，建立城乡融合发展的体制机制和政策关系，调动农民的积极性和创造性，保持农业农村经济发展旺盛活力，提高农民收入，让农民有持续稳定的收入来源，促进农村居民消费提高的同时增加整体消费率。

3.应该以扩大居民消费为重点，不断提高居民消费在最终消费中的比重，以提升居民消费率为重点提高最终消费率，奠定提高最终消费率、促进经济稳定增长的基础。深入推进住房、养老、教育、医疗等体制改革，切实不断降低预防性储蓄水平，积极释放居民消费潜力，努力提高城乡居民消费倾向，在应对人口老龄化过程中发挥新型城镇扩大消费的作用。针对居民消费多样化需求，重点提供针对性的消费供给，满足不同层次、不同年龄居民消费需求，积极创造条件推进居民消费结构升级，以居民消费结构升级积极推动产业结构优化升级形成居民消费结构与产业结构相互协调、相互促进的机制，不断努力扩大居民消费需求。

4.完善社会保障制度，稳定居民消费预期。构建多层次的社会保障体系，坚持以社会保险为主体，社会救助保底层，积极完善社会福利、慈善事业、优抚安置等制度，全面实施全民参保计划，完善城镇职工基本养老保险和城乡居民基本养老保险制度，尽快实现养老保险全国统筹，全面实施城乡居民大病保险制度，拓展基本医保的功能。完善失业、工伤保险制度，同时加快住房保障体系建设，减轻居民在住房方面的压力，通过一系列社会保障体系建设降低居民的消费支出预期，提高居民消费意愿。

5. 优化产业结构，激发消费潜力。产业结构优化既是消费结构升级的动力，也是消费结构优化的结果。随着我国居民收入加快增长，消费转型升级态势明显，消费品市场规模进一步扩大，新兴业态和新的商业模式快速发展，消费品市场业态结构、商品结构持续优化。2010 年以来，我国消费结构转型升级态势明显，旅游休闲娱乐等服务型消费快速增长。2017 年，限额以上单位体育娱乐类商品比上年增长 15.6%，增速比上年加快 1.7 个百分点，电影总票房比上年增长超过 13%。消费结构的持续优化要求产业结构也不断升级，应着力提高服务业的比重，尤其是生活性服务业的比重，重点促进旅游、文化、体育、健康、养老服务业的稳定健康发展。

（执笔人：姜雪）

第八章 宏观审慎政策与
货币政策协调搭配研究

本章全面总结了货币政策和宏观审慎政策的相互影响机制，梳理了货币政策对金融风险的各类传导渠道，比较了对二者关系的三种代表性观点，探讨了相关的机构设置安排；提出二者的最优搭配策略取决于所处的经济周期和金融周期阶段，在经济周期和金融周期阶段分化的情况下，宏观审慎政策和货币政策应该松紧搭配，相互补充发挥作用。在此基础上，总结了我国货币政策和宏观审慎政策"双支柱"调控框架的现状、特点及存在的问题，并就完善"双支柱"调控提出政策建议。

2008 年国际金融危机的最大教训是货币政策并非无所不能，货币政策难以在追求物价稳定的同时平滑金融周期，有必要引入宏观审慎政策实现对经济和金融周期的双重调控。在此背景下，危机后各国金融调控均呈现出货币政策与宏观审慎政策更加紧密结合的趋势，我国也在十九大报告中明确提出健全货币政策和宏观审慎政策"双支柱"调控框架。

一、货币政策和宏观审慎政策的异同与配合

货币政策和宏观审慎政策"双支柱"调控框架是对传统调控框

架的补充和完善。货币政策和宏观审慎政策同属于宏观政策框架的范畴，都可以通过调节金融机构和企业个人的行为影响实体经济变量，达到维护宏观经济和金融稳定的逆周期调节目的。但货币政策主要针对整体经济和总量问题，侧重于经济和物价水平的稳定；而宏观审慎政策则直接作用于金融体系本身，侧重于维护金融稳定。尽管货币政策和宏观审慎政策的目标和工具有所不同，但二者都可以通过影响资金成本和风险，影响信贷、资产价格与宏观经济，通过合理搭配可达到调节经济和金融周期的双重目的。

表 8-1　金融调控政策工具总结

	政策目标	政策工具
货币政策	价格稳定	政策利率；回购
	流动性管理	抵押政策；准备金利率；利率走廊
	逆周期调节	政策利率；准备金要求；外汇储备
宏观审慎政策	防范和化解系统性金融风险	逆周期资本缓冲；动态拨备；贷款价值比限制（LTV）；银行间风险敞口限制
资本流动管理	降低币种错配风险	外汇敞口头寸上限；外汇资产限制
财政政策	管理总需求	税收、财政救助
	建立缓冲库存	对金融系统征税

资料来源：Hannoun（2010）。

（一）货币政策和宏观审慎政策协调配合的必要性

不同于货币政策对价格—产出缺口的确定性作用，货币政策对金融风险的影响存在不确定性。货币政策可以通过影响借款者的融资约束（资产负债表和违约渠道），金融机构的风险承担行为（风险承担和风险转移渠道），以及调节跨境资本流动（汇率渠道），影响金融系统的风险水平。取决于不同的作用渠道，某些渠道下紧缩的货币政策有助于抑制金融风险，而另一些渠道下货币政策从紧反而有可能恶化金融脆弱性。由于金融稳定、价格稳定和经济增长等政策目标之间可能存在冲突，引入宏观审慎政策有助于缓解货币政策多目标的压力，从而为其他政策目标创造更多空间。相反，如果二者缺乏协调配合，调控方向存在冲突，则可能削弱彼此的政策效果。

表 8-2　货币政策对金融风险的作用渠道及适用的宏观审慎工具

货币政策对金融风险的作用机制			适用的宏观审慎政策工具
金融风险的来源	作用渠道	紧缩货币政策是否有利于降低金融风险？	
借款者的融资约束	资产负债表和资产价格	↑利率风险↓	贷款价值比（LTV）、贷款收入比（LTI）、债务收入比（DSTI）、贷款损失动态拨备等
	债务违约	↑利率风险↓	
金融机构的风险行为	风险承担	↑利率风险↓	逆周期资本监管，如资本充足率要求、风险附加资本、逆周期资本缓冲、杠杆率限制等
	风险转移	↑利率风险↑	净稳定资金比率（NSFR）、流动性覆盖比率（LCR）等
跨境资本流动	汇率	↑利率风险↑	外汇存款准备金要求；对外汇借贷的限制；外汇净头寸敞口限制等

资料来源：作者在 Nier 和 Kang（2016）基础上总结。

（二）宏观审慎政策和货币政策可以相互加强

在信贷和经济过热并存阶段或信贷收缩和经济衰退并存阶段，货币政策和宏观审慎政策应当同时收紧或放松，通过叠加相互加强将政策效果最大化。例如，当经济产出存在过热，通胀压力较大，且资产价格出现泡沫风险的情况下，宽松的货币政策加上金融创新导致攀升的资产价格和信贷快速增长相互强化，会导致金融杠杆率过高，引发房地产等领域资产泡沫。此时抑制信贷和资产价格过快增长的最优方法是同时实施严格的宏观审慎政策和针对金融失衡的紧缩货币政策。相反，在经济萧条和信贷收缩并存时，为及时修复金融机构和企业及家庭部门的资产负债表，同时采取降息与适度放松贷款价值比、逆周期资本要求等宏观审慎政策有助于加快经济复苏。

（三）宏观审慎政策和货币政策可以相互补充

经济周期和金融周期阶段分化的情况下，宏观审慎政策和货币政策应该松紧搭配，相互补充发挥作用。例如，在信贷过热和经济衰退并存的情况下，宏观审慎政策的调控重点应是控制信贷过快增长，但这将不利于价格稳定和充分就业。此外，金融周期的顶峰往往伴随着银行业危机或显著的信贷收缩，导致经济衰退。这就要求货币政策环境适当宽松，促进货币信贷的合理增长，通过修复企业和银行资产负债表，循序渐进处置金融风险。如果货币政策紧缩和强化金融监管叠加共振，则可能恶化实体经济形势，加重企业融资负担，导致市场主体的资产负债表断裂，甚至激化金融风险。

表 8-3　货币政策和宏观审慎政策的搭配组合

二者关系		经济周期		
		通胀 / 正产出缺口	均衡	通缩 / 负产出缺口
金融周期	信贷过热	相互加强：紧货币、严监管	相互独立：严监管	相互补充：宽货币、严监管
	均衡	相互独立：紧货币	相互独立	相互独立：宽货币
	信贷收缩	相互补充：紧货币、宽信贷	相互独立：宽监管	相互加强：宽货币、宽信贷

二、我国货币政策和宏观审慎双支柱调控的发展现状

2016 年以来，我国从具体国情出发初步构建了"货币政策 + 宏观审慎"政策"双支柱"的调控框架。其中，支柱一是货币政

策，侧重于宏观调控，核心目标是稳定物价、充分就业，国际收支平衡、促进宏观经济持续增长；支柱二是宏观审慎政策，侧重于金融监管，核心目标是控制金融机构杠杆率，防范系统性金融风险，维护金融稳定。

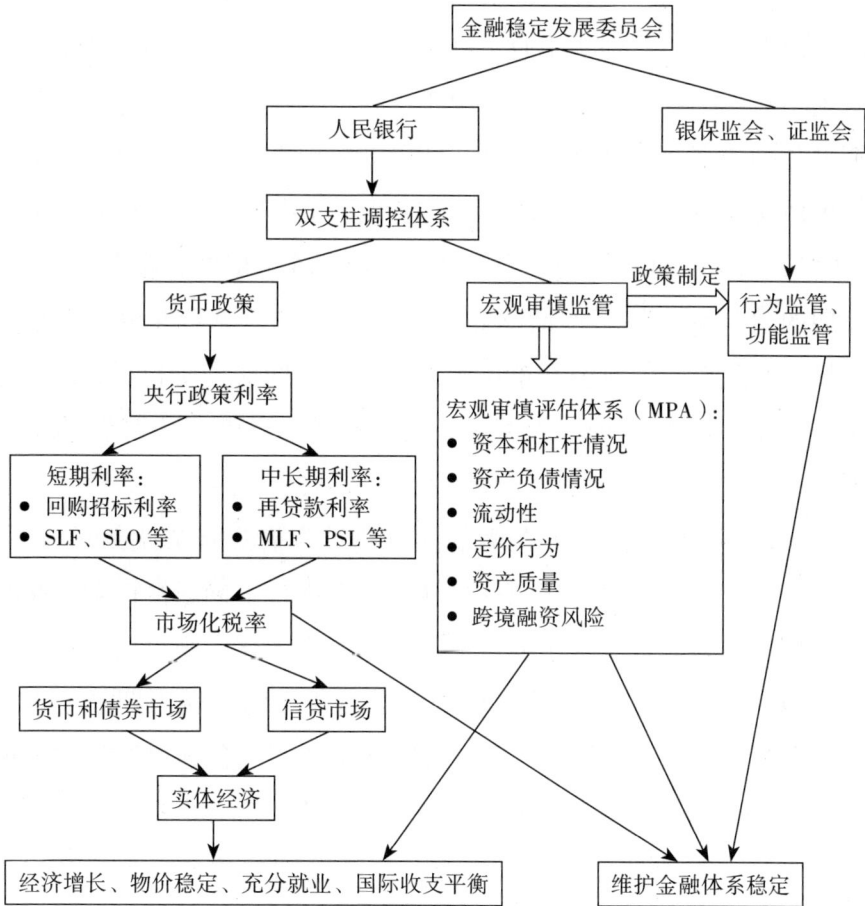

图 8-1　我国金融调控体系的示意图

（一）货币政策由数量调控向价格调控转型

货币政策的传导机制是通过调节货币政策工具影响货币供应量

或政策，使之接近中介目标，并通过货币政策传导机制进一步影响经济变量，达到货币政策的最终目标（如稳定物价、充分就业、经济增长等）。政策工具方面，央行传统货币政策工具包括公开市场业务、存款准备金率、再贴现和再贷款。2013 年以来，在外汇流出导致央行基础货币和资产负债表大幅收缩的货币政策环境下，人民银行进行了一系列货币政策创新丰富货币政策工具箱，常备借贷便利（SLF）、抵押补充贷款（PSL）和中期借贷便利（MLF）等创新型货币工具逐步取代传统性公开市场工具，成为央行投放基础货币的主要途径。由回购利率、短期再贷款利率、中期借贷便利（MLF）利率、抵押补充贷款（PSL）利率等组成的，覆盖短、中、长期的政策利率体系逐渐建立。2017 年以来，央行并没有调整存贷款基准利率，但对公开市场操作利率和中期借贷便利利率进行了频繁调整，公开市场 7 天回购 / 逆回购利率逐渐成为隐含的基准利率。

（二）差别准备金动态调整机制升级为宏观审慎政策评估

我国较早在逆周期宏观审慎管理方面进行了创新性探索。2009 年 3 月，中国加入巴塞尔委员会，开始研究强化宏观审慎管理的政策措施。2010 年"十二五"规划中提出要"构建逆周期的宏观审慎管理制度框架"。2011 年后，我国逐步建立起包括合意贷款管理机制和差别准备金动态调整在内的监管框架，宏观审慎监管的雏形逐渐形成。2016 年，人民银行进一步将差别准备金动态调整和合意贷款管理机制"升级"为"宏观审慎评估体系"（Macroprudential Assessment，以下简称 MPA）。MPA 从资本和杠杆、资产负债、流动性、定价行为、资产质量、跨境融资风险、信贷政策执行情况七大方面对金融机构的行为进行评价监督。2017 年，党的十九大报告中正式提出健全货币政策和宏观审慎政策双支柱调控框架。

2009	● 中国加入巴塞尔委员会 ● 开始研究强化宏观审慎政策措施
2010	● "十二五"规划提出构建逆周期的宏观审慎管理制度框架
2011	● 引入差别化的存款准备金动态调整机制
2016	● 差别准备金动态调整机制"升级"为宏观审慎评估（MPA） ● 全口径跨境融资宏观审慎管理范围扩大至全国范围的金融机构和企业，并对跨境融资进行逆周期调节
2017	● 十九大报告中正式提出健全货币政策和宏观审慎政策双支柱调控框架

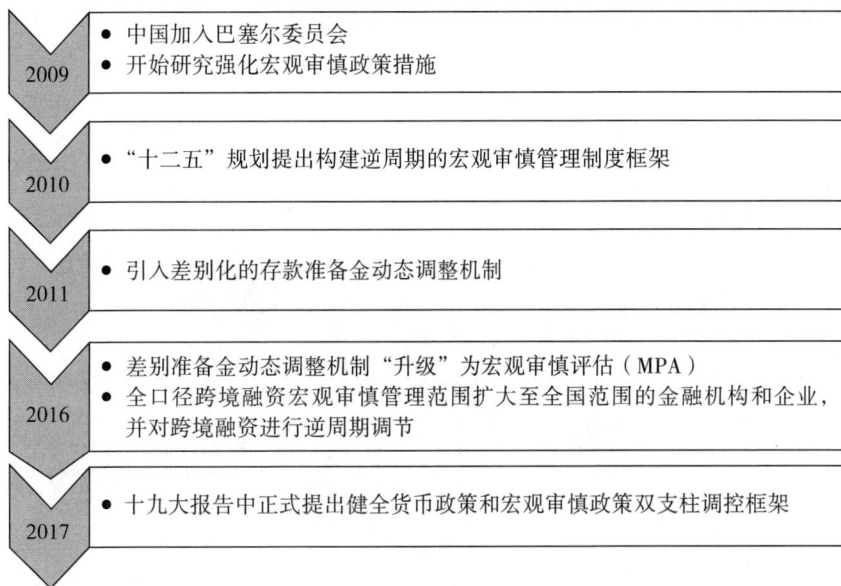

图 8-2　宏观审慎政策在我国的发展演进历程

（三）与"双支柱"相适应的金融监管体制改革

我国金融监管逐步呈现出与双支柱相适应的金融监管体制改革趋势。2003 年以来，我国形成了一行三会的分业金融监管体系。在分业监管模式下，由于金融创新涉及多个不同行业的金融机构，因此容易产生监管的空白地带，形成监管套利的漏洞。2013 年，为加强金融监管协调，人民银行牵头成立金融监管协调部际联席会议制度，联席会议成员包括一行三会和外汇局。2017 年，金融稳定发展委员会（金稳委）的成立标志着我国双支柱调控框架的重大进展。金稳委位于"一行三会"之上，发挥协调"一行三会"监管的作用，有助于央行协调各部门，强化宏观审慎监管职能，统筹和协调货币政策和金融监管。2018 年，银行保险监督管理委员会合并成立，承担统一监管银行业和保险业的微观监管职责，银行业、保险业重要法律法规草案和审慎监管基本制度的职责划入中国人民银行，体现了法规制定和执行职能相互分离的审慎监管理念。

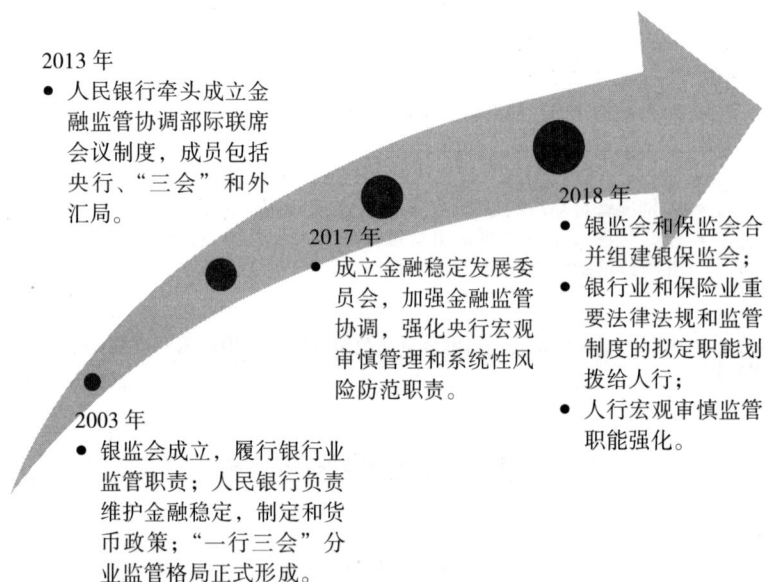

2013 年
- 人民银行牵头成立金融监管协调部际联席会议制度，成员包括央行、"三会"和外汇局。

2017 年
- 成立金融稳定发展委员会，加强金融监管协调，强化央行宏观审慎管理和系统性风险防范职责。

2018 年
- 银监会和保监会合并组建银保监会；
- 银行业和保险业重要法律法规和监管制度的拟定职能划拨给人行；
- 人行宏观审慎监管职能强化。

2003 年
- 银监会成立，履行银行业监管职责；人民银行负责维护金融稳定，制定和货币政策；"一行三会"分业监管格局正式形成。

图 8-3 我国金融监管改革的主要历程

三、我国"双支柱"调控框架的主要特点

本文利用 Ceruttiet al.（2017）编制的 64 个经济体的宏观审慎政策指标体系，对各类宏观审慎工具的使用情况及其与货币政策的搭配关系进行了分析，并与其他国家进行了比较，发现我国双支柱调控体系具有如下特点：一是宏观审慎政策的使用频繁；二是主要集中在房地产贷款价值比和存款准备金率两大工具；三是审慎政策逆周期特征明显；四是宏观审慎政策和货币政策多叠加使用；五是央行在宏观审慎监管中发挥主导作用。

（一）我国的宏观审慎政策调节较其他国家更频繁

首先，我国宏观审慎监管的起步略晚于发达经济体，2007 年

国际金融危机后，尽管各国金融体系的整体趋势是强化宏观审慎监管，但我国宏观审慎政策的发展速度明显更快。从 IMF 的宏观审慎监管指数来看，中国对宏观审慎政策的调控次数和强度不仅远远高于发达经济体，也高于其他新兴经济体和发展中国家平均水平。具体来说，2010—2014 年期间，中国衡量宏观审慎政策总体调控强度的指数为 23，是 64 个经济体中最高的，其次为土耳其（20）、秘鲁（19）、新加坡（11）、印度（10）、以色列（10）、巴西（8）、菲律宾（8）。

　　我国宏观审慎监管频率高、强度大有多方面的原因：一是由于我国作为新兴市场国家，金融市场尚不成熟，金融机构缺乏足够的内在约束机制，需要监管部门通过主动干预来纠正市场自身

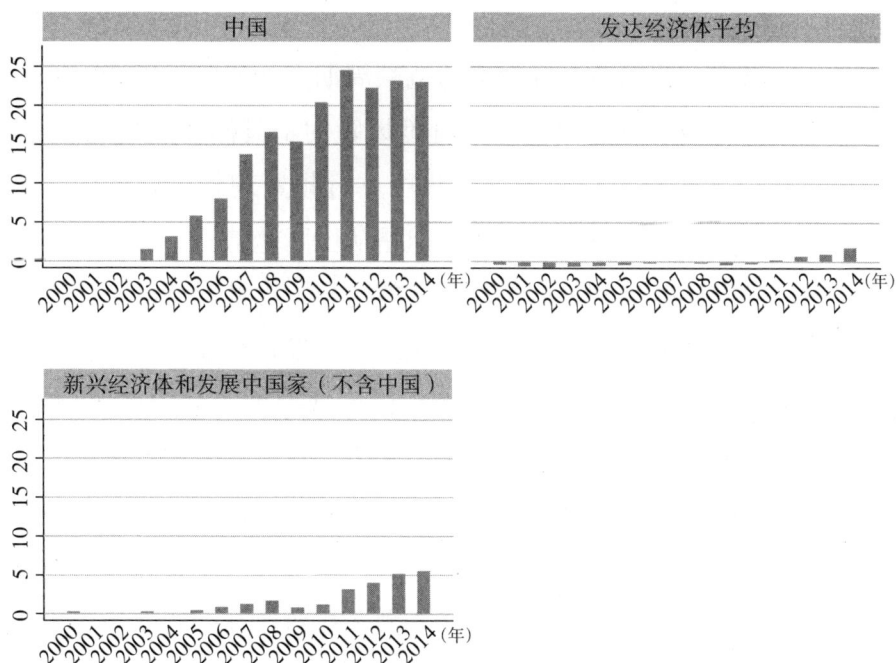

图 8-4　我国宏观审慎监管的调节强度及国际对比

数据说明：2000Q1-2014Q4 期间 64 个国家季度数据；数据来自 IMF（2016）。

缺陷；二是我国是以银行间接融资为主的金融体系，宏观审慎政策工具的制定和实施多针对银行金融机构，因此适用于我国现阶段金融发展国情；三是我国审慎监管强度大也与所使用的工具特点有关。

（二）调控工具以存款准备金率和贷款价值比限制为主

从具体工具类型看，我国已经建立并使用的宏观审慎工具主要有四大类：存款准备金率、房地产贷款价值比限制、资本充足率要求和风险集中度限制。与发达经济体和其他新兴经济体和发展中国家相比，尽管我国宏观审慎调节的频率更高，但主要集中在房地产贷款价值比要求和存款准备金率要求两类工具。相比而言，发达经济体宏观审慎政策的调节较为不频繁，但监管工具箱的工具种类更为丰富，全面覆盖了时间维度风险和跨部门维度风险。

总体而言，我国跨时间维度防范顺周期金融风险的宏观审慎工具储备较为完善，而针对跨空间维度风险的工具储备则相对不足。金融危机以来为调控信贷增速，我国央行频繁调整存款准备金要求，体现了逆周期审慎监管理念。但是从国际趋势看，法定准备金水平过高会阻碍政策利率向贷款利率的传导，因此存款准备金工具对央行政策工具中的作用在不断淡化。许多发达国家如美国、加拿大、瑞士、新西兰、澳大利亚等国已降低或取消了法定准备金率。如欧盟的货币政策实施框架中虽然仍然包含有最低法定准备金的要求，但并未将法定存款准备金率作为一项调节工具使用。而在一些实行通货膨胀目标制的国家中，如英国、加拿大、澳大利亚的中央银行则完全取消了法定准备金制度，大多数商业银行的准备金水平和日常备用金水平相当。

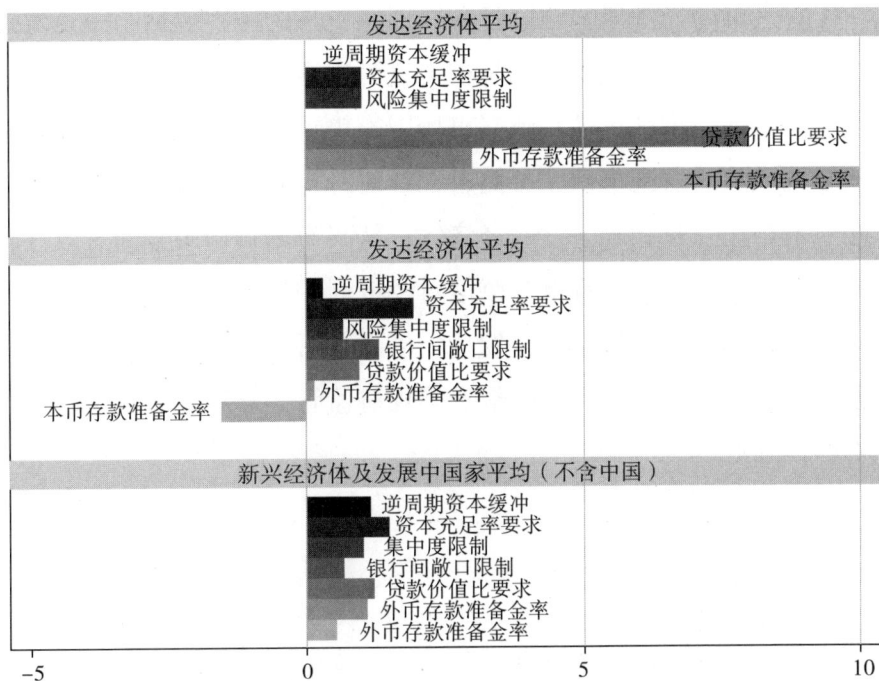

图 8-5 我国宏观审慎工具及国际对比

数据说明：2000Q1-2014Q4 期间 64 个国家季度数据；数据来自 IMF（2016）。

（三）我国宏观审慎政策具有明显的逆周期性

宏观审慎政策的目标是抑制金融系统风险，但根据政策工具组合不同，各国宏观审慎监管的逆周期性也有所不同。图 8-6 具体计算了我国各类宏观审慎政策工具的松紧程度和金融周期指标（信贷/GDP 缺口）的相关系数，并与世界主要国家进行了对比，相关系数为正表示宏观审慎监管具有逆周期调节特性（信贷增速高，信贷/GDP 缺口大时加强监管）。结果表明，我国宏观审慎政策对金融周期有着较为明显的逆周期调节性，宏观审慎监管标准的严格程度与信贷缺口的大小正相关。除中国外，世界很多新兴经济体国家宏观审慎政策的逆周期性也较为明显，而美国、英国等发达欧美发达经济则并没有表现出逆周期调节的特点。

　　新兴市场经济体金融监管逆周期性更强的原因包括：一是发达经济体宏观监管工具箱的工具种类更为丰富，全面覆盖了时间维度风险和跨部门维度风险；新兴市场国家更重视跨时间维度防范顺周期金融风险的宏观审慎工具储备，针对跨空间维度风险的工具储备相对不足。二是相较于发达经济体，新兴市场货币政策的有效性较差，往往需要依赖宏观审慎政策对经济周期进行逆周期调节。三是发达经济体的金融体系高度发达，借款人可利用各种替代性资金来源如非银行资金来源和跨国信贷等规避监管，导致宏观审慎政策的有效性降低。

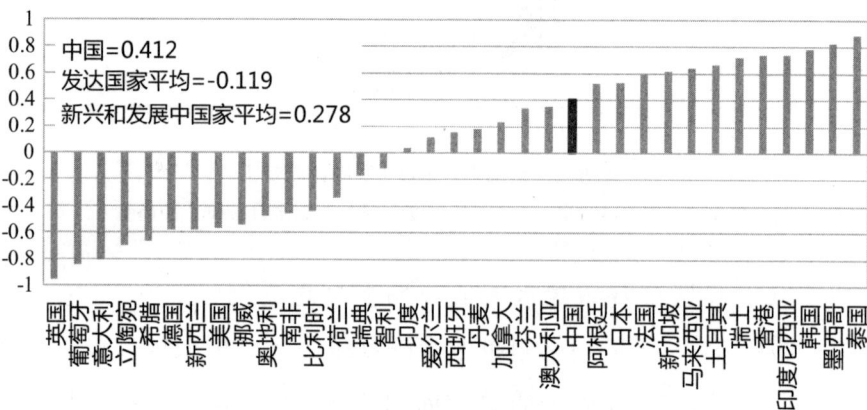

图 8-6　宏观审慎监管指数和信贷缺口相关性的国际比较

　　数据说明：2000Q1—2014Q4 期间 64 个国家季度数据；信贷/GDP 缺口数据来自 BIS 数据库；宏观审慎监管指数数据来自 IMF（2016）；二者无相关性的国家未显示。

（四）货币政策和宏观审慎政策同方向操作

　　货币政策和宏观审慎政策可以同方向调整起到相互加强的作用，或反方向调整起到相互补充的作用。从我国实践看，金融监管和货币政策二者呈现出鲜明的同方向变动关系，即货币政策紧缩时金融监管加强，货币政策扩张时金融监管放松。如图 8-7 所示，我国存款准备金要求与货币政策利率操作的变化趋势高度一致，2007—2008 年和 2010—2011 年等先后几次加息阶段都伴随着法定准备金率的大幅提高，2008—2009 年和 2014—2015 年的降息周期也均伴随着准备金率的大幅下调。存款准备金率既有逆周期宏观审慎调节的理念，也有货币政策补充工具的作用，二者同方向变动有一定合理性。但是除动态调整的准备金率工具外，我国其他宏观审慎政策工具调控也多与货币政策同方向操作。

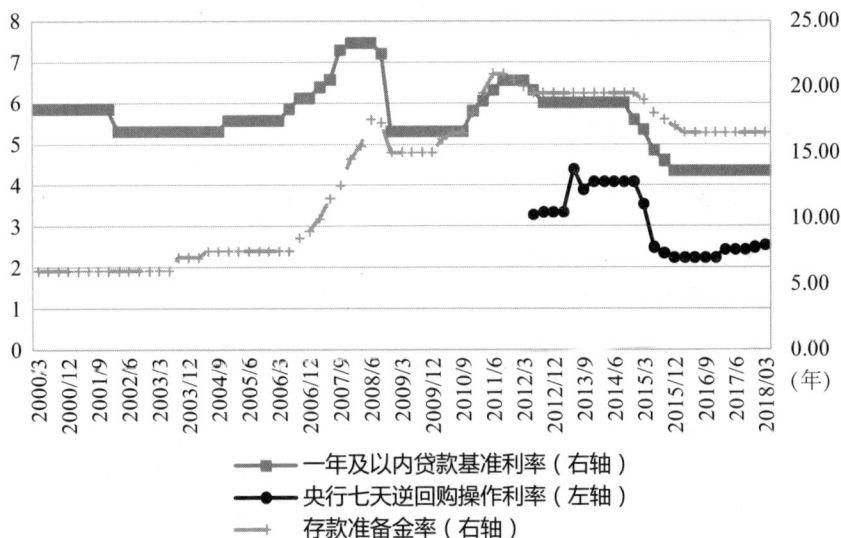

图 8-7 我国货币政策利率与存款准备金率的调整演进

表 8-4 具体计算了我国各类宏观审慎政策工具的松紧程度和货币政策利率（一年期贷款基准利率）的相关系数，系数为正表示两类政策同方向操作，为负表示反方向操作。结果表明，我国所使用的宏观审慎政策工具中没有任何一项和货币政策反向操作，所有监管工具都与货币政策利率同步收紧或放松，只是相关性大小有所不同。具体来说，外币和本币存款准备金率与货币政策利率的相关性

最高，分别高达 0.4649 和 0.4241；风险集中度限制和贷款价值比要
求与货币政策的相关性也较高，分别为 0.1792 和 0.1667；资本充足
率要求因历史上变动次数并不频繁，与货币政策利率的相关系数较
低，但仍大于零，这表明资本充足率要求加强的时点也发生在加息
阶段。

表 8-4　我国货币政策利率和各类审慎工具的相关系数矩阵

相关系数	货币政策利率	资本充足率	风险集中度限制	贷款价值比	外币存款准备金率	本币存款准备金率
货币政策利率	1.0000					
资本充足率	0.0455	1.0000				
风险集中度限制	0.1792	0.1961	1.0000			
贷款价值比	0.1667	0.5455	.	1.0000		
外币存款准备金率	0.4649	0.3569	0.6369	0.6927	1.0000	
本币存款准备金率	0.4341	0.3869	0.6152	0.8609	0.9500	1.0000

数据说明：2000Q1—2014Q4 期间 64 个国家季度数据；货币政策利率为一年期贷款基
准利率，数据来自 WIND；宏观审慎监管指数数据来自 IMF（2016）。

类似于我国货币政策和宏观审慎政策同方向操作的国家并不多。
如图 8-8 所示，在货币政策利率和宏观审慎监管指数二者存在相关
性的 34 个国家中，只有中国、阿根廷、克罗地亚、智利、印度、冰
岛和澳大利亚六个国家存在正相关关系，其中仅澳大利亚为发达国
家，且澳大利亚这两类政策的相关系数较低，略大于零。绝大多数发
达经济体的货币政策和宏观审慎监管呈反向变动关系，如美国二者的
相关系数为 −0.417、英国为 −0.697、中国香港地区为 −0.645、新加坡
为 −0.609，表明货币政策和宏观审慎监管反方向调控的关系明显。然

而中国两类政策工具的相关性高达 0.427，仅次于阿根廷和克罗地亚。

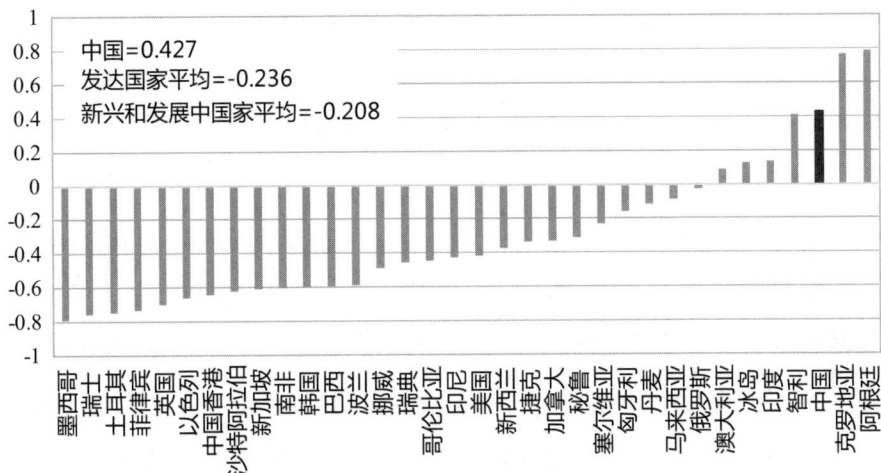

图 8-8　货币政策利率和金融监管监管指数相关性的国际比较

数据说明：2000Q1~2014Q4 期间 64 个国家季度数据；货币政策利率为一年期贷款基准利率，数据来自 WIND；宏观审慎监管指数数据来自 IMF（2016）；二者无相关性国家未显示。

（五）货币政策和宏观审慎监管的职能集中在央行

目前国际上存在三种宏观审慎组织模式：一是将宏观审慎职责赋予央行，由央行董事会或行长做出决策，如果监管机构独立于央行之外，则需要建立跨部门的协调机制（加上财政部等），如爱尔兰、新加坡、比利时、荷兰等将宏观审慎政策的制定、金融风险评估、工具实施等职能全部划入到央行职责范围内，形成央行"大一统"的金融监管体制；二是将宏观审慎职责赋予央行内设的专门委员会，该做法有利于防范央行的双重职能（货币政策和宏观审慎）间的潜在冲突，同时也可以允许微观审慎监管部门的代表及外部专家参与政策制定，如英国、马来西亚、日本等采取的就是央行下设委员会模式；三是将宏观审慎职责赋予一个独立于央行之外的跨部门委员会，通过政策协调、信息共享、共同研究系统性风险的方式来制定和实施宏观审慎政策，美国和欧盟是该模式的代表。我国采取的是上述第二和第三种的结合，即央行主导下的货币政策和宏观审慎双支柱调控模式，人民银行具有宏观审慎管理和系统性风险防范的职责，"一行两会"与其他有关部门间的协调则由金稳委负责，共同构成"一委一行两会"的金融监管体系。

不同制度安排的优越性并无定论，宏观审慎政策和货币政策集中在央行有利有弊。其优势在于：央行在监测宏观经济金融活动上具有明显的数据和专业优势，货币政策操作对杠杆和风险承担具有重要影响，并承担"最后贷款人"职责，通过央行控制宏观审慎政策主导权，有助于避免协调各方一致行动的问题，因此历史上看，央行控制力较强和监管权限较高的国家爆发危机的概率和损失更低。其缺陷在于：由于物价稳定不等同于金融稳定，央行承担金融稳定职能会导致多重目标之间的冲突，削弱货币政策调节物价和产出的能力，加剧经济波动，反而不利于化解金融风险；此外，央行为稳定金融市场、帮助受损部门修复资产负债表，往往需要提供长期价格和产出稳定之上的流动性，并且承担一定准财政职能，容易导致"时间不一致"问题，并需要以较强的问责制为前提。

表8-5　各国宏观审慎政策与货币政策制度安排的主要类型

	类型1	类型2	类型3	类型4	类型5	类型6	类型7	类型8
1.货币政策和金融监管的关系	统一在央行	部分重合	部分重合	部分重合	相互独立	相互独立	相互独立	相互独立
2.宏观审慎政策的职能授权	央行	央行	央行下设委员会	独立性委员会	多部门联合	多部门联合	多部门联合	欧洲系统风险委员会
3.财政部等其他部门的作用	无（强*）	无	弱	强	弱	强	无	弱
4.政策的决策和执行是否分离	否	部分分离	部分分离	是	否	否	否	是

续表

	类型1	类型2	类型3	类型4	类型5	类型6	类型7	类型8
5.是否存在独立的协调机构	否	否	否	否（是＊）	是	是	否	否
代表性经济体	爱尔兰；新加坡＊	比利时；荷兰	英国；马来西亚；日本；中国	美国；法国；巴西＊	澳大利亚	加拿大；韩国；香港	瑞士；冰岛；秘鲁	欧盟

注："＊"标识代表个别国家及特征；作者在 Nier 等（2011）基础上更新。

四、当前我国"双支柱"调控框架面临的主要问题

当前我国"双支柱"调控框架仍处于不断探索完善的过程中，需要结合具体的经济、金融周期以及引起周期波动的原因，就政策操作方向、工具实施力度等方面进一步加强货币政策与其他宏观审慎政策之间的协调配合。

（一）经济周期与金融周期不同步

我国"双支柱"调控的特点之一是货币政策与宏观审慎政策同方向操作，这在经济周期和金融周期同步的情况下，有利于产生政策叠加放大效果。然而，我国目前经济周期与金融周期并不同步，即经济下行与债务风险相互叠加。从金融周期看，尽管从2017年四季度开始，我国宏观杠杆率增速已经有所下降，但是企业和金融机构的杠杆率仍然较高，影子银行、地方政府隐性债务等问题仍然严峻。金融风险依旧是我国现阶段突出的风险来源，抑制整体杠杆率的上升、特别是非金融企业杠杆率的继续攀升仍有紧迫性和必要性。而从经济周期看，金融危机后我国经济增速一直处于下行趋势，经济增长的内生动力较弱，这表现在工业企业利润回升基础不稳，去产能压力仍然较大，中美贸易摩擦下出口放缓等各种内外部不利因素叠加，对未来经济走势形成较强不确定性。

按照上文的分析，当同时面临"经济低迷"与"高杠杆"时，不应通过紧缩的货币政策来快速去杠杆，而应当采取严金融监管和宽货币政策，即通过加强宏观审慎监管防范化解金融风险，同时保持货币政策的稳健中性或中性偏松来逐步修复企业和银行资产负债表，在保持经济平稳增长的前提下循序渐进推进降杠杆。相反，如果货币政策紧缩和强化金融监管叠加共振，则可能恶化实体经济形势，加重企业融资和偿债负担，甚至进一步加剧金融风险累积。

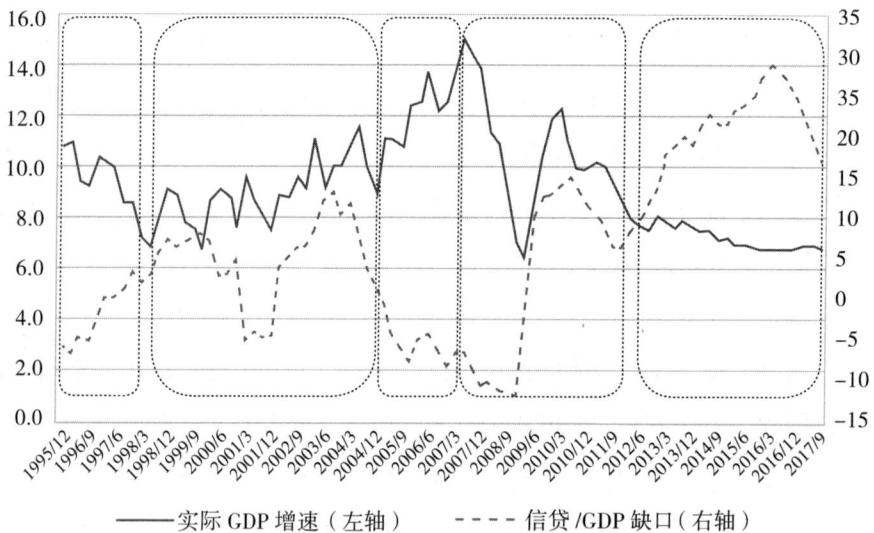

图 8-9　中国经济周期和金融周期的阶段演进

数据说明：实际 GDP 增速数据来自统计局网站；信贷/GDP 缺口数据来自 BIS 数据库。

（二）货币政策目标过多而调控效率较低

我国货币政策采取多重目标制，物价稳定是货币政策的重要目标，但不是唯一的目标。按照《中国人民银行法》，中国人民银行在国务院领导下，制定和执行货币政策，防范和化解金融风险，维护金融稳定。货币政策追求经济增长、币值稳定、增加就业、经济结构均衡、稳定汇率、国际收支平衡等多重目标，并根据不同时期的具体情况，在不同目标之间有所侧重，最终目标是在维持人民币币值的稳定的基础上促进经济增长。近年来，随着金融风险问题日益突出，我国货币政策又在传统四大目标基础上增加了金融稳定这一隐性目标。

金融危机的最大教训是货币政策并非无所不能。由于经济增长、币值稳定和金融稳定之间存在相互制约的关系，在金融周期和经济周期步调分化，政策目标相互制约的情况下，有限的货币政策工具难以同时实现多个目标。因此即使是货币政策工具丰富，传导机制较为通畅的欧美发达国家，其货币政策也仅聚焦在一个或两个目标。如美联储的货币政策采取多目标制，基于泰勒规则追求物价稳定和充分就业两大目标；日本央行通过维持物价稳定，促进经济健康发展；欧洲央行和英国央行则实行严格的通货膨胀目标制。其中，尽管英国和日本均采取央行主导的宏观审慎监管体系，在央行内部设立委员会负责系统性金融风险的识别，以及宏观审慎政策的制定，但是该职能与货币政策目标尤其是政策利率设定清晰分离，二者并不互相干扰。

表 8-6　世界主要经济体的货币政策目标

经济体	最终目标	操作／中介目标
美国	物价稳定、充分就业	联邦基金利率
欧元区	物价稳定	再融资利率
英国	物价稳定	再回购利率
日本	物价稳定，促进经济健康发展	无担保隔夜拆借利率，贴现率
中国	稳定物价、充分就业、经济增长、国际收支平衡（和金融稳定）	未明确，主要包括公开市场操作、回购／逆回购利率、存贷款基准利率等

（三）货币政策和金融监管之间缺乏协调配合

根据紧缩或放松的调控方向不同，货币政策和宏观审慎政策可以同方向调整相互加强，或反方向调整相互补充。而从我国经验来看，金融监管和货币政策二者呈现出鲜明的同方向变动关系，即货币政策紧缩时金融监管加强，而货币政策扩张时金融监管放松。这种双支柱"同松同紧"的调控方式在金融周期和经济周期同步的情况下可以相互加强，最大化实现政策目标；但是在当前降杠杆和稳增长背景下，反而会形成叠加共振，对实体经济造成冲击，进一步恶化金融周期和经济周期的背离趋势。

例如，2013 年 6 月，为防范金融风险，我国开启了金融"杠杆去化"进程，作为短期政策利率的 7 天逆回购操作利率 3.35% 上调至 4.4%。货币政策收紧造成了银行间市场利率的大幅飙升，对金融机构过度扩张资产和加杠杆的行为仅在短期内起到了抑制作用，但随着流动性水平回升，加杠杆行为在数月之后再度反弹，出现"加息和加杠杆"并存的局面。2014 年以来，随着"稳增长"目标的紧迫性不断提升，货币政策又再度转向，数次下调 7 天逆回购操作利率和存贷款基准利率，大幅压缩了利率政策的操作空间。在货币政策和金融监管缺乏松紧搭配、协调配合的情况下，仅依靠货币政策调控无法取得稳定金融体系的目的。

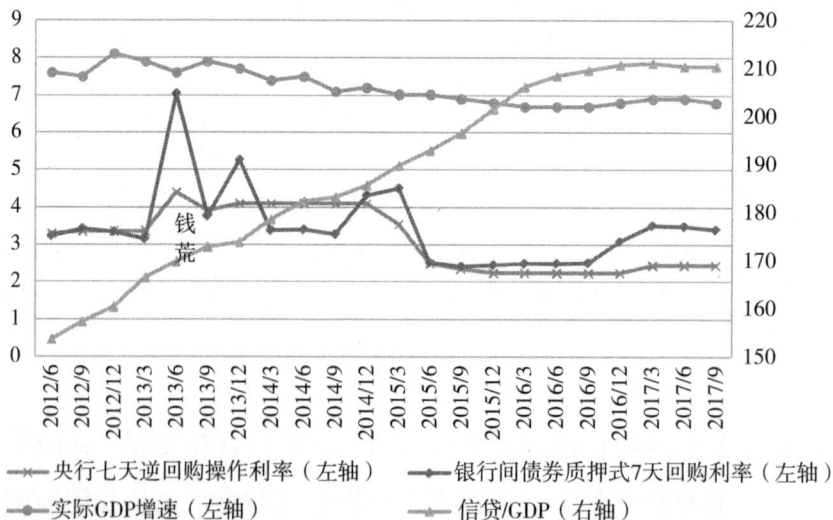

图 8-10　2012-2017 年我国利率、GDP 增速和杠杆率走势

数据说明：信贷/GDP 数据来自 BIS 数据库；其他数据来自 WIND 数据库。

（四）金融监管的职责授权有待进一步明确

清晰的宏观审慎工具治理安排是加强问责制以及提高政策有效性的前提。从制度安排角度看，我国金融调控体系最大的特点是央行为主导但涉及多个监管部门。尽管经过多次金融监管协调机制改革，但是统一协调的监管机制、监管标准和执法尺度尚未完全建立。我国许多审慎政策尤其是跨部门维度工具的实施由多部门联合执行，且监管主要基于机构而非功能，侧重点不同的监管机构差异较大。

从工具角度上，宏观审慎工具的定义存在灰色地带，某些宏观工具与微观审慎甚至货币政策的界限并不明显，也客观导致监管权责难以清晰界定。在各监管部门的方法和标准不同的情况下，许多新型或跨部门金融产品的监管没有明确的授权，存在监管空白，而某些传统审慎监管则存在监管叠加，影响最终调控效果。2017年金融稳定发展委员会成立，其重要职责就是统筹协调系统性金融风险防范处置和维护金融稳定重大政策。但是鉴于金稳委、人民银行、"两会"均有合理依据行使某些审慎监管职能，有可能进一步导致监管的重叠问题，宏观审慎监管细化的职责分工还有待进一步明确。

表8-7　我国不同宏观审慎政策工具对应的监管部门

宏观审慎工具	监管机构
宏观审慎评估体系	人民银行
应对时间维度（顺周期）风险	
差别准备金动态调整机制	人民银行
动态拨备要求	人民银行
动态住房贷款价值比要求	人民银行
逆周期资本监管	人民银行、银监会
杠杆率要求	银监会

续表

宏观审慎工具	监管机构
跨周期的风险加权资产计量方法	银监会
应对跨部门维度风险	
系统性金融机构的资本要求	人民银行、银监会
流动性风险管理	人民银行、银监会
对同业交易的限制	人民银行、银监会
风险隔离（"栅栏原则"）	人民银行、银监会
早期预警系统	人民银行、银监会

资料来源：作者在廖岷等（2014）研究基础上更新。

五、完善我国货币政策与宏观审慎政策双支柱调控的建议

构建货币政策和宏观审慎政策双支柱金融调控体系是一个不断发展的过程，未来进一步双支柱调控体系的方向包括：

（一）明确区分货币政策和宏观审慎政策的职能目标

货币政策和审慎监管应明确职责分工、各司其职，货币政策应着眼于总需求管理，侧重于经济增长、物价水平稳定等目标，而MPA宏观审慎评估体系则应重点应对金融周期，抑制杠杆和顺周期行为以及跨部门风险传导，明确监管目标及扩张边界。货币政策应坚持长期导向，全面考虑与审慎监管、财政政策、产业政策之间的协调搭配，为实体部门创造松紧适宜的货币金融环境；央行双支柱职能应当更加清晰地相互分离，货币政策应以对社会融资规模和结构的引导为主，央行公开市场操作"削峰填谷"应更加体现"逆周期调节"特征，货币政策的执行和传导应该依靠基于价格的工具，利率不应成为解决金融稳定问题或稳定汇率的主要手段，借贷便利的定价和获得资格应基于明确而透明的抵押规则，而不应对宏观审慎评分较低的银行使用惩罚性利率的非监管标准。

（二）加强货币政策与宏观审慎政策的松紧搭配

加大宏观审慎政策与其他宏观调控政策之间的协调力度。在我国去杠杆和金融防风险依然是主基调，而经济增长内生动能尚不稳固的经济金融环境下，双支柱调控组合应采取严监管和宽货币，货币政策不应明显转向宽松，但需要阶段性的灵活调整。宏观审慎政策应综合考虑金融监管政策的宏观效应及对金融业态和市场运行格局的影响，加强部门间的政策协调，加强对核心监管指标应统一口径和标准，合理确定 MPA 评估扩张的边界，稳定市场预期。货币政策方面，如果其他监管部门的金融监管政策已经偏紧，则从总量的角度看货币政策不应进一步过度收紧，从而避免政策叠加导致的政策超调。现阶段货币政策应重点关注社会融资需求的下行趋势，掌控好流动性尺度，适度对冲金融监管政策的负向效果，把握好稳增长、降杠杆和防风险三者之间的平衡。

（三）强化金融稳定发展委员会的统筹协调作用

加快建立完善适应宏观审慎政策框架要求的金融监管整体框架。未来金融监管改革的方向应是在国务院金融稳定发展委员会的统筹协调下进一步健全金融监管框架，构建央行和其他政策制定机构职能相互协调、相互配合的宏观调控体系。各监管部门依照宏微观领域的审慎监管原则，强化对各类金融机构的功能监管和行为监管，实现金融监管的全面覆盖。监管协调应该从事后的进展讨论转向事前的数据共享、系统性风险监测和评估、遏制监管套利、危机预防方面的协作；对相似产品和服务实施统一的功能监管；对银行和非银金融机构实施更有效的宏观审慎监管，加强压力测试工具的运用，并将相关机构整合进更广泛的风险评估框架中。各监管政策出台节奏须协调配合，避免政策效应过度相抵消或相叠加。

（四）完善货币政策框架，提高货币政策调控的精准性

进一步提高货币政策操作对逆周期调控的有效性和精准性。公开市场操作应加强透明性和公平性，基于更加明确的抵押品规则而非监管标准，对不满足 MPA 评估的银行应按照明确规则采取惩罚措施；加大和优化货币政策工具储备，创新货币政策工具，将贷款工具与人民银行的货币政策目标更加紧密的相联系，提高货币政策调控的前瞻性、灵活性和有效性，多种渠道提供流动性；重点关注关键时点的市场流动性状况，在金融监管趋严或关键考核时点适度微调流动性投放力度，通过"锁短放长"的公开市场操作注入长期流动性，引导金融机构进行长期投资安排，稳定政策工具利率水平；探索存款准备金管理制度改革，逐步降低扭曲性的较高准备金要求，必要时可通过公开市场操作回收过多的流动性。

（五）完善审慎政策工具箱，提高防范金融风险的有效性

适应金融业混业经营的格局不断完善宏观审慎监管框架，监管方式应从机构监管向功能监管和行为监管转变，重点关注机构所经营的各类业务。监管机构应提高对跨行业交易、资金来源和流向等方面的实时监测能力，形成系统完备的跨行业跨市场金融风险的统计、分析、评价制度；重点完善防范空间跨部门维度风险的工具箱，加快引入银行间风险敞口限制、逆周期资本缓冲等工具，改善流动性覆盖率要求，加强对大额风险敞口和关联方风险敞口的监管，重点关注表外、同业等业务以及金融控股集团风险；加快探索对互联网金融的宏观审慎管理，条件成熟时可将规模较大、具有系统重要性特征的互联网金融业务纳入 MPA 考核。

（执笔人：盛雯雯）

第九章　金融去杠杆的进展、问题及对策

迅速上升的金融杠杆蕴含着极大风险，金融去杠杆是防范系统风险、回归服务实体的重要手段。2016 年 7 月开启、2017 年 4 月加码的金融去杠杆已经取得了积极成效，不仅各类金融杠杆有所下降，系统性金融风险也明显缓解。与此同时，金融去杠杆对实体经济的影响也开始显现，实体经济融资难融资贵的问题有所加剧。未来要协调好金融与实体的关系，兼顾金融监管与实体融资，提高去杠杆监管政策、货币政策、财政政策的协同配合效应，以消减金融去杠杆的负面影响，健全完善长效市场机制。

近年来，我国金融杠杆率迅速上升，蕴含着极大风险，防范和化解系统性金融风险成为当前金融工作的重要任务。2016 年中央经济工作会议后，由强监管和紧货币主导的金融去杠杆拉开帷幕。

一、我国金融高杠杆的形成背景和风险

金融加杠杆部分源于实体经济的融资需求，有一定合理性，但近年来金融杠杆上升还主要因为资金在金融体系内部空转和膨胀。金融监管滞后、政府隐性担保和刚性兑付迟迟难以打破，也是推升金融杠杆持续攀升的深层原因。

（一）金融高杠杆形成的背景

1. 实体经济信用扩张

经济规模快速增长要求金融提供支持，金融机构的加杠杆行为在很大程度上对接了实体经济的信用扩张。2008 年至 2016 年，宏观杠杆率增长了 98.6 个百分点，平均每年增长超过 12 个百分点。囿于我国融资体系以债权融资为主，股权融资市场欠发达，实体经济的融资需求主要通过间接融资方式来实现。截至 2018 年 2 月底，我国社会融资规模存量为 178.73 万亿，其中股票融资仅有 6.74 万亿，占比不足 4%。因此，实体经济融资规模的扩大必然伴随了金融杠杆的提升。

2. 金融机构转型和创新滞后

金融机构为继续获取高收益进行加杠杆投资，追求短期业绩。近年来，我国的经济结构发生了深刻变化，传统产业盈利能力显著降低，国有企业资产回报率自 2011 年开始连续下降。与此同时，新兴动力不断孕育，但大多金融机构受制于创新能力弱、金融监管严等因素，未能及时转型推出创新金融产品和服务，而是希望做大规模以获得更多的利润。例如，中小商业银行在同业理财和同业存单之间存在利差的情况下，大规模投资同业理财或者委外投资，以赚取利差收益。此外，为了追求短期业绩，金融机构常常淡化了对风险的关注。

3. 跨市场利差持续存在提供了加杠杆套利空间

利率传导机制不畅、相对滞后的分业监管模式，使得金融机构可以利用不同市场利差进行加杠杆套利。尽管我国已经实现了存贷款利率的市场化，但利率市场分割、碎片化情况仍然存在，利率管理机制不完善，银行间市场拆借利率、债券市场回购利率不能有效传导，存在跨金融市场套利的空间，驱使金融机构纷纷加杠杆增加投资总量，追求更多收益。

4.政府隐性担保降低了资产的风险定价

政府隐性担保、软预算约束、刚性兑付的存在，进一步催化了金融加杠杆进程。由于大量资金投放在国有企业和地方政府融资平台，或通过二者作为通道流向中小企业，资金背后的政府隐性担保始终存在，一定程度降低了资产的风险定价，催化了加杠杆行为。从理财产品的资金投向来看，2017 年底，29.54 万亿的理财产品余额有 67.56% 投向了债券及货币市场工具，16.22% 投向了非标资产。一方面，债券类标准资产中大多是信用债，尤其是高评级信用债，评级为 AAA 及 AA+ 的债项占信用债余额达 79.92%，发行主体以国有企业为主。另一方面，非标类资产也大多投向了国有企业与地方政府融资平台，其再通过委托贷款等方式为融资难的中小企业提供融资，利用国企这一通道背后的政府隐性担保，降低了信用风险，推生了金融杠杆。

（二）金融高杠杆的风险

与非金融机构的债务杠杆不同，我国金融体系中的杠杆不仅是针对单一产品或机构的微观杠杆，更多是发生在金融交易链条中的系统性和结构性杠杆，表现为金融体系资产负债表出现系统性膨胀、银行间同业业务结构性交易上升。这一机制促成强大的货币信用创造机制，甚至游离于金融监管体系之外，影响社会整体资金流动的规模和方式，加剧经济金融体系的脆弱性。

1.加大潜在的系统性金融风险

一是加大期限错配风险。金融杠杆往往采用短期负债投资长期资产、低风险负债配置高风险资产，以降低负债成本并提高资产收益。特别是股份制银行和城商行的负债期限大都较短，面临的风险更大。

二是加大收益错配风险。在刚性兑付仍未被打破、客户对资金收益率要求越来越高的情况下，负债成本较高并且相对固定，需要投资端能够有较高的收益才能覆盖负债成本，从而推动金融机构更多的加杠杆扩大投资规模。

三是层层嵌套加大了金融系统的脆弱性。金融加杠杆的过程中普遍存在产品层层嵌套、金融机构间合作的情况，信用风险、期限错配风险、流动性风险交织感染，链条化的特点突出。一旦出现触发事件，单个或多个机构发生危机的可能性越大，金融市场功能被冲击破坏的概率越大，系统性风险隐患大为增加。

2. 削弱对实体经济的融资支持

一是推高了实体经济的资金成本。金融机构为了规避监管，采用商业银行、证券公司、信托公司等机构合作的方式，商业银行借道证券公司、信托公司将资金最终投向实体经济，作为通道的金融机构也要从中获利，增加了实体经济的融资成本，一定程度上会影响其盈利能力，从而加剧实体经济的风险。

二是增加实体经济的融资难度。由于金融机构加杠杆进行金融产品投资收益较高，而支持实体经济的收益较低，金融机构理性的选择自然是加大金融产品投资。根据估算，金融体系内部"空转"资金占比约达到 1/5。在资金总量有限的情况下，大量资金在金融体系内部空转，约束了实体经济发展潜力的有效发挥。

3. 加剧资产价格波动和信息不对称

高杠杆将加剧资产价格波动，进而对金融市场的稳定性和资源配置功能产生负面影响。金融资产的高杠杆带有自我强化的正反馈和去杠杆时的负反馈，由金融杠杆推高的资产价格，往往会伴随着金融杠杆的快速回落导致价格大幅下跌。2015 年下半年股票市场大幅调整，2016 年底至 2017 年初债券市场的大调整，都是因去杠杆引发的资产价格大幅变动。资产价格的波动将影响金融体系的稳定性，金融机构紧缩信贷也会造成金融市场的资源配置功能受到影响。

4. 弱化宏观政策调控的有效性

信用创造变得更为复杂和隐蔽，一定程度避开了金融监管，也降低了货币政策的传导效率。在金融自由化和货币宽松的大背景下，我国货币创造的过程变得更为复杂。SLO、SLF、MLF、PSL 等新型货币政策工具的流动性投放，都偏向于大型商业银行，进一步拉大了大行与中小行之间负债能力的差距。在大型商业银行向中小银行输送从央行获取的基础货币的同时，中小银行也可以通过同业渠道绕过地域限制，直接进入金融市场创造货币，规避或者弱化了监管指标的约束。

二、金融去杠杆的主要途径和国际经验

金融去杠杆有几种不同的路径，相应的也存在不同的影响和结局。研究历史上典型国家的成功或失败的金融去杠杆经验，有助于我们从中吸取教训，避免出现类似的错误。

（一）金融去杠杆的有效、柔性、刚性路径

从实体经济和金融系统互动形成杠杆的机制入手，金融去杠杆存在三条路径：

最佳路径是先改革实体经济，通过去产能、清退僵尸企业、深化国企改革等措施，降低无效率企业对信贷资源、人力资源和其他资源的无谓占用，促使资源流向高效率企业，提升实体经济的资本回报率。带动自然利率水平和无风险利率提升，进而利率水平全面提升，顺利完成主动去杠杆过程。这一类以美国为经典案例，在危机冲击之后对系统重要性金融机构和大型实体企业注入流动性，维系金融体系稳定，但并不完全兜底，将一定程度的出清权利交于市

场。与此同时，扩大财政赤字，对冲去杠杆进程中私人部门需求萎缩，积极出台结构性改革和产业政策提升实体投资回报率。

次优路径是一方面通过货币收缩提升货币市场的资金利率水平，迫使金融系统主动降杠杆；另一方面，继续推进实体经济的改革。这一路径存在的最大问题在于，通过货币收缩虽然可以一定程度上降低金融系统杠杆率，但同时也会导致实体经济融资成本的大幅上升。我国金融去杠杆以来，债券推迟或取消的数量大增，货币收缩对实体经济的融资活动产生了实质性影响。这一类以日本为典型案例，通过国家信用兜底、货币宽松、财政支出加大等方式勉力维系信用扩张机制运行，但缺点是金融和实体部门不良资产难以得到有效出清，经济恢复受不良资产拖累、经济复苏乏力。

最差路径是激进出清。如果实体经济和金融领域的改革继续进展缓慢，那么最终外部环境变化就很有可能传导至内部并引发系统性风险。大量无效率僵尸企业倒闭，房价大幅下跌，债券市场大量违约，小型金融机构破产，市场一次性出清，最终经济触底回升。这一类以拉美国家为经典案例，通过债务减记、大面积破产清算、财政收支收紧等措施来急速出清不良资产。虽然短期内能够出清大量不良资产，但往往伴随着信用扩张机制崩溃以及实体生产恢复乏力，经济金融体系在动荡后陷入困境。

（二）美国的金融去杠杆

从2006年8月开始，美国实际已经开启金融去杠杆，到2008年2月，风险价值已比2006年5月翻了一倍多。将金融部门划分为银行、非银行金融机构和资产证券化产品等三类，可以看到美国金融去杠杆的主要特点：一是金融去杠杆主要发生在资产证券化产品，规模在2008年最高达到12万亿美元，目前已经下降到不足9万亿，银行资产和负债规模也发生了萎缩。相反，非银行金融机构，包括养老基金、共同基金和寿险、非寿险等，资产和负债规模甚至还在不断上升。二是金融去杠杆的核心在于通道业务。美国的资产证券化产品尽管种类繁多，但本质都是将非标资产（以家庭按揭贷款为主的各种类型贷款）转化为标准化资产的通道。进一步将资产证券化细分，发现"公营"证券化产品（由 GSE（Government-sponsored Enterprises）发行的证券化产品，有政府信用支持）的规模基本保持不变，2008 年后有所下降，但目前达到 8.7 万亿美元，高于 2008 年的 8.5 万亿；而"私营"证券化产品（由私营金融机构发行）则大幅萎缩，从 2008 年的 4.6 万亿美元缩水至目前的 1.2 万亿。

我国的金融模式与美国存在较大差异，但美国金融部门去杠杆的过程中依然对我们有所启示：一是通道业务是去杠杆的核心，而担负正常金融功能的金融机构并不在此列。二是通道业务中基础资产的质量至关重要，如果基础资产集中在效率低下、容易引起泡沫的行业、区域和部门，或者借款人本身就存在软预算约束和道德风险，就需要引起警惕；而如果通道业务的发生发展是因为非金融企业难以获得正常贷款，或者是因为在获得资金来源的竞争中处于劣势的中小金融机构需要发展正常业务，这种通道业务就不应该被视为洪水猛兽。

三、我国金融去杠杆进展和系统性金融风险现状

在各类强监管措施与宏观调控措施配合下，金融去杠杆进展顺利，高杠杆、多层嵌套等问题明显缓解，系统性金融风险显著降低。但与此同时，部分实体经济的合理融资需求难以满足，中小企业融资难融资贵进一步加剧等问题也浮现出来。

（一）我国金融去杠杆的主要政策举措

2016 年以来，金融去杠杆力度逐步加强，重点针对当前各银

行业金融机构同业业务、投资业务、理财业务等跨市场、跨行业交叉性金融业务中存在的杠杆高、嵌套多、链条长、套利多等问题开展的专项治理。

1. 资产端加强表外业务监管

一是将表外理财纳入 MPA 考核，二是加强对银行委外业务的监管，三是将银行债券投资作为监管重点，四是实施大资管行业统一监管，五是消除多层嵌套，抑制通道业务。

2. 负债端强化同业存单监管

一是对同业存单进行定性化监管。对同业存单发行速度快、占比高的银行，将实施更严格的单独监控。二是将同业存单纳入总负债管理。三是将长期限同业存单纳入核心负债考核，鼓励银行增加长期负债。

3. 收紧货币政策抑制利差套利

央行自 2016 年 8 月起，重启 14 天、28 天逆回购，并逐步提升投放比重。随后多次加息，2017 年 1—2 月、3 月、12 月陆续提高 7 天、14 天、28 天公开市场操作利率，隔夜、7 天 SLF 利率以及 6 个月、1 年 MLF 利率。央行 2016 年货币净投放 1.4 万亿元，2017 年净回笼 650 亿元。银行间市场 7 天回购利率和存款类机构间利率债质押的回购利率（7 天）均有所攀升。

4. 加强监管协调消除监管套利

2017 年 11 月，成立国务院金融稳定发展委员会，统筹金融改革发展与监管。2017 年 12 月以来，一行三会等部委先后出台与资管业务有关的一系列监管政策，形成合力，填补监管空白。

5. 引导资金"脱虚向实"

一是鼓励金融机构支持国家重大战略、重点领域。2017 年 11 月，资管新规（征求意见稿）鼓励金融机构通过发行资管产品募集资金，支持国家重点领域和产业转型升级。二是鼓励金融回归服务实体经济，同时，针对僵尸企业及落后产能，坚决压缩退出贷款，加快处置不良资产，实现市场出清。

（二）金融杠杆的现状

2012 年以来，金融自由化快速发展，金融部门杠杆率迅速上升。各类金融机构，尤其是银行表外和基金子公司的杠杆率水平快速上涨。各类市场，特别是银行间债券市场和房地产市场的杠杆率达到了历史高点。金融去杠杆以来，银行表外杠杆率快速下降，债券市场利率也有所下降。

1. 各类金融机构的杠杆率

从总体趋势来看，2014 年至 2016 年，整个金融业的杠杆水平都处在攀升的区间，各类金融机构杠杆率不断提高，2017 年杠杆率开始下行。

（1）银行

银行的表内杠杆率保持平稳，表外杠杆率有所下降。用"（其他存款性金融机构总负债—实收资本—非金融机构及住户存款）/实收资本"衡量银行的表内杠杆，用"银行非保本型理财产品资金余额/实收资本"来衡量银行的表外杠杆，银行表内杠杆由 2013 年底的 14.99 倍增长至 2016 年底的 17.81 倍，同期表外杠杆由 2.01 倍增长至 4.92 倍。在金融去杠杆表外业务大幅受限情况下，2017 年以来表内杠杆基本保持平稳，截至 2018 年 2 月底，表内杠杆为 17.68。

（2）券商资管

券商资管杠杆增加较为缓慢，2017 年来有所下降。用"证券公司资产管理规模/证券公司净资产"来衡量券商的杠杆水平，其由 2014 年底的 8.63 倍增长至 2016 年底的 10.72 倍，2017 年以来有所下降，截至 2017 年底杠杆为 9.12 倍。

（3）基金

基金子公司和基金专户的杠杆高企。基金子公司在 2016 年前没有资本金的约束，以"基金子公司资产管理规模/基金子公司的注册资本"来衡量基金子公司的杠杆，2016 年高达 1800 多倍。用"基金管理公司专户业务资产管理规模/基金公司净资产"衡量基金专户的杠杆水平，由 2014 年底的 92.61 倍增长至 2016 年底 173.4 倍。

（4）信托

信托公司杠杆率上升速度较快。近年来信托公司管理的资产规模迅速扩张，截止到 2016 年末已达 20.21 万亿，相较 2007 年增长了 20.29 倍，杠杆率迅速提升。以"信托公司资产余额/信托公司所有者权益"衡量信托公司的杠杆，其杠杆水平由 2010 年 1 季度的 21.85 倍增长至 2016 年 4 季度的 44.91 倍。尽管 2017 年开始金融去杠杆，但信托公司杠杆仍然上升，截至 2017 年底，杠杆水平为 49.98。

（5）保险

保险公司杠杆有所上涨，2017 年以来下降。近年来保险公司的杠杆率增加主要通过万能险。以"保险资金运用余额/保险公司净资产"衡量保险的杠杆水平，由 2014 年底的 7.04 倍增长至 2017 年 1 季度的 8.18 倍高点，此后又下降，截至 2018 年 2 月，杠杆率水平为 7.79。

2. 各类金融市场的杠杆率

（1）债券市场

债券市场总体杠杆率不高。用"债券托管量/（债券托管量—待购回余额）"衡量债市总体杠杆率，从去年下半年金融去杠杆以来，交易所杠杆已经从进 1.3 倍下降到 1.2 倍，而银行间仅有 1.1

倍，总体杠杆只有 1.12 倍，并不算高。

银行间债券市场杠杆水平有所下降。2005 年至 2017 年 11 月，市场杠杆水平波动下降。2005 年市场杠杆率最高达到 1.31（2005 年 9 月），其后震荡下降。2016 年至今，杠杆水平下降且趋于平稳，去杠杆已见成效。截至 2018 年 2 月底，市场总体杠杆率水平为 1.1。

（2）股票市场

股票市场杠杆率稳中趋降。采取"融资融券余额 / 流通市值"衡量股票市场杠杆率，在 2015 年 5 月 4.12% 的最高点后，随着两融监管趋严，股票市场杠杆率有明显下降。截至 2018 年 3 月底，股票市场杠杆率为 2.25%，保持稳中趋降之势。

（3）房地产市场

房地产市场杠杆率已达历史高点。对于房地产市场杠杆率的测算，可采取两种方式：一是杠杆率 = 个人住房房贷余额 /GDP；二是杠杆率 = 个人住房房贷余额 / 住宅总市值，其中住宅总市值 = 城市人均住宅建筑面积 × 城镇人口 × 住宅房屋平均销售价格。从走势上看，两种杠杆率均呈向上趋势，个人住房房贷余额 /GDP 在 2017 年已超过 100%，达到历史最高点。

（三）系统性金融风险指数显著降低

金融去杠杆的主要目的就是防风险，为此，选取相关指标，构建系统性金融风险指数，从系统性风险总体水平和高风险点分布走势来看，金融去杠杆取得了积极成效，系统性金融风险显著降低。

1. 指标选取和模型构建

系统性金融风险指数由 8 个分项指数构成，分别测度了金融机构、货币市场、资本市场（包括股票市场和债券市场）、外汇市场、房地产市场、政府财政的金融风险，最后一个分项测度实体经济运行风险。每一分项的风险指数通过若干个指标计算合成得到，选取的指标主要从三方面衡量金融风险：一是金融机构经营失败的风险，如银行资本金严重不足，证券公司或信托公司被整顿关闭等；二是金融市场剧烈波动乃至市场功能丧失，如股票市场大幅下挫导致失去融资功能，银行间市场流动性突然紧缩、利率飙升，保险市场偿付能力不足失去承保能力等；三是宏观经济下滑，政府财政风险向金融系统转移等。

表 9-1　系统性金融风险指数指标

	指标名称	反映风险走势
（1）金融机构	商业银行存贷比	同向
	M2 同比增速 /GDP 同比增速	同向
	M2 同比增速 /M1 同比增速	同向
	贷款增速 /GDP 增速	同向
	中长期贷款 / 总贷款比例	同向
	上市金融机构总市值同比增速	同向
	金融业平均市盈率	双向
	商业银行资本充足率	反向
	不良贷款率	同向
（2）股票市场	上市公司总市值同比增速（剔除金融类）	同向
	股市成交额同比增速（剔除金融类）	同向
	上证指数	同向
	平均市盈率（非金融）	双向
（3）债券市场	6 个月中债企业债（AAA）与央票的信用利差	同向
	5 年国债与 3 个月国债到期收益率利差	同向
	中债综合指数（总值）财富指数同比	同向
（4）货币市场	银行间市场 7 天回购定盘利率	同向
	1 周和 1 年期 SHIBOR 期限利差	同向
	SHIBOR-LIBOR 1w 利率差	反向

	指标名称	反映风险走势
（5）外汇市场	实际有效汇率指数	反向
	外汇储备同比增速	反向
	FDI/GDP 同比增速	反向
	进出口总值同比增速	反向
（6）房地产市场	房地产投资完成额累计同比增幅	反向
	房地产贷款余额 / 贷款余额	同向
	商品房销售额同比增幅	反向
	商品房销售单价同比增幅	同向
（7）政府财政	城镇固定资产投资完成额累计同比	反向
	财政收入与财政支出同比增速差	反向
	国家财政赤字累计值同比	同向
	政府债务与财政收入比率	同向
（8）实体经济	GDP 增速	反向
	工业增加值增速	反向
	固定资产投资完成额增速	反向
	CPI	反向
	制造业采购经理指数	反向

2. 分机构和市场的金融风险状况

（1）金融机构的风险总体不高，但 2017 年以来风险上升较快。主要原因是贷款增速较高且中长期贷款余额占比明显上升，同时银行体系的贷存比也达到了历史高点。因此，提示我们应注意的是贷款过快增加及投资效率下降给银行体系带来的风险。

（2）股票市场的风险在 2007 年和 2015 年两次到达高点，也就是两次股市泡沫破灭之时。两次泡沫破灭之后，股市风险都快速回落。目前，股票市场风险处在低位徘徊。债券市场的风险高点在

2005 年末，此后虽波动较为频繁，但总体来说风险不高，2016 年以来风险持续下行。货币市场的风险在 2013 年 6 月的"钱荒"事件中到达历史高点，但近年来基本保持在 0.4—0.5 的适度区间。外汇市场的风险近年来有所上升，主要原因是国际金融危机后，全球贸易投资都大幅萎缩，我国进出口大幅下滑，外商直接投资也下降较多，同时带来外汇储备的增长放缓。房地产市场的风险尤为值得关注，近年来持续上升，目前已落入高风险区间，风险指数已接近 0.7，从多个指标来看房地产市场特别是三、四线城市的房地产市场已生成泡沫。

（3）政府部门风险总体可控。2015 年以来，政府部门的风险又有所上升，主要是"去杠杆"实际上是部分企业杠杆转移至政府部门，导致政府债务增加，同时经济增速放缓，财政收入增速也显著放缓，但财政支出刚性较强，使得政府财政赤字压力较大。最后，从实体经济的几个指标来看，2015 年以来相关指标显示的风险有所上升，这是我国经济进入"新常态"所不可避免的，这几个指标大多是从规模角度衡量经济增长情况，未来可纳入更多衡量经济增长质量的指标，从而能够更加全面的反映实体经济状况。

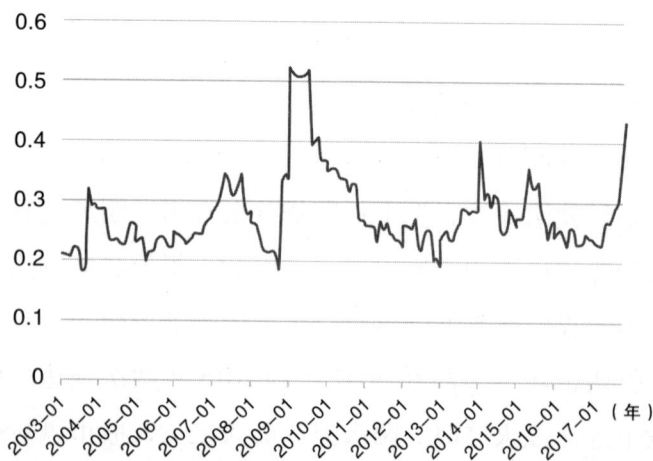

图 9-1　金融机构

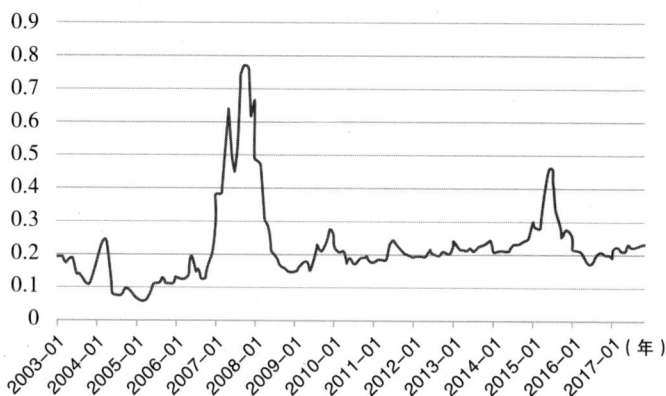

图 9-2　股票市场

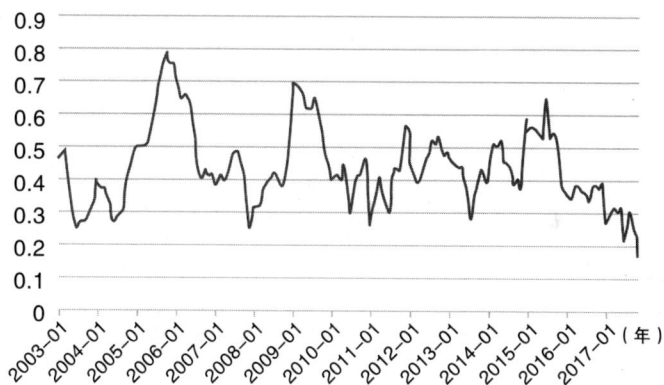

图 9-3　债券市场

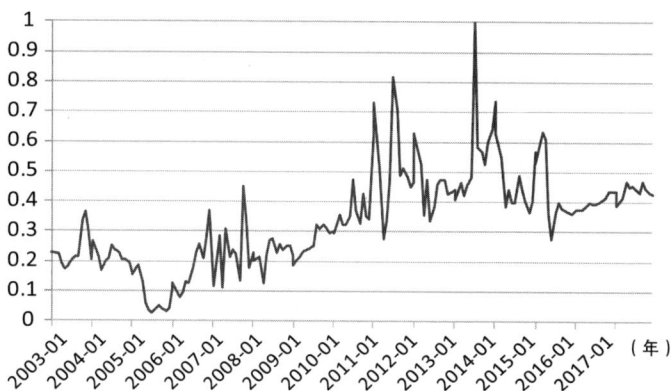

图 9-4　货币市场

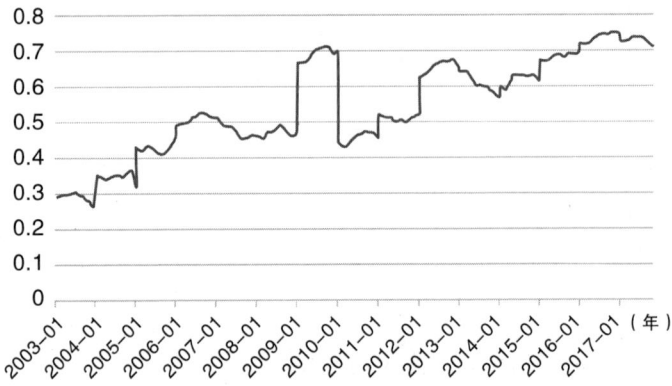

图 9-5 外汇市场

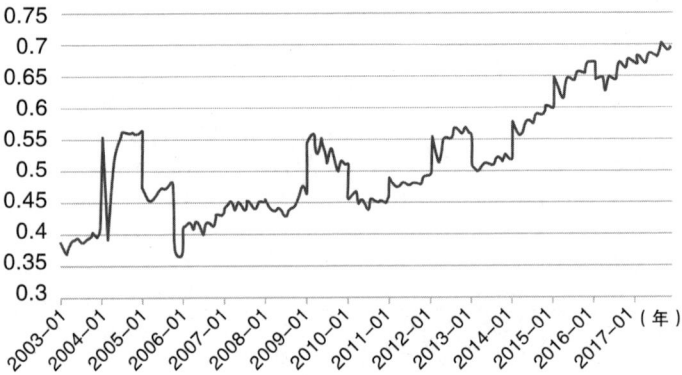

图 9-6 房地产市场

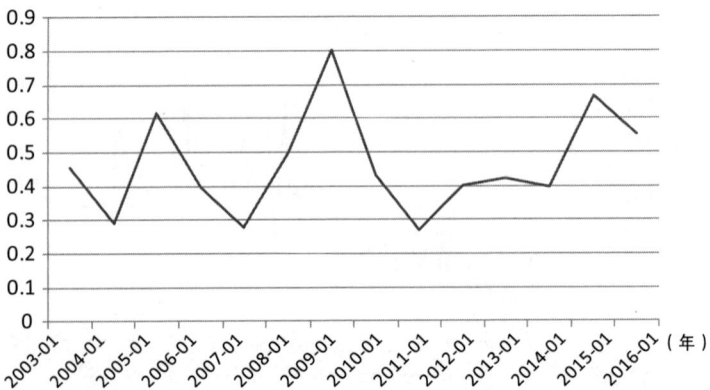

图 9-7 政府部门

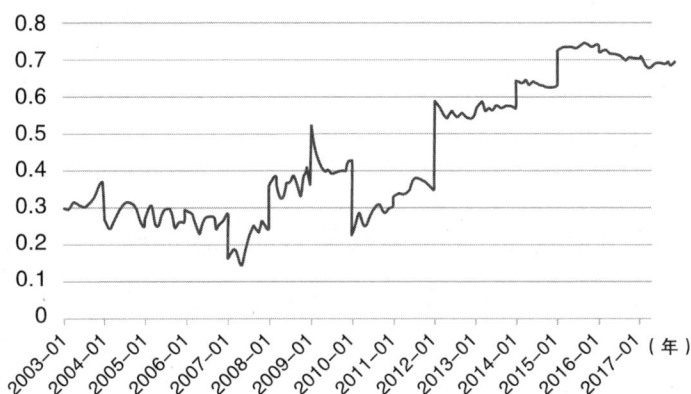

图 9-8　实体经济

数据来源：wind 及作者计算。

3. 系统性金融风险总指数有所下降

总体来看，2016 年下半年以来，实体经济企稳向好，房地产开发投资、工业企业利润、不良贷款率等指标都出现明显恢复，PPI 和 CPI 出现温和上升，银行、证券公司等金融机构的金融风险水平趋于稳定或下降，股票、债券、外汇市场的风险也基本平稳，因此，我国的系统性金融风险呈下降趋势，目前处于相对稳定状态。截至 2017 年 11 月，系统性金融风险指数平均为 0.48，风险偏

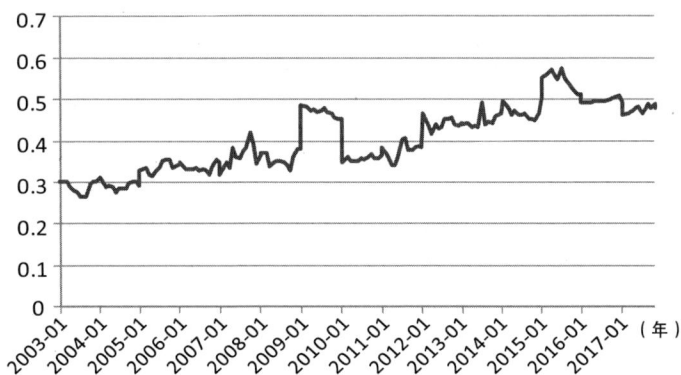

图 9-9　系统性金融风险指数

数据来源：wind 及作者计算。

低。鉴于我国进入"新常态",GDP 增速仍然可能放缓,金融监管力度也将趋严,各种因素导致综合指数可能会长期处于中位波动,呈现波动中缓慢下降的趋势。

四、我国金融去杠杆的积极影响和可能问题

金融去杠杆从根本上改变了金融机构表内外资产负债扩张的模式,商业银行资产负债结构也正在发生深刻变化。资金供给端快速收缩,叠加宏观经济形势下行,融资成本短期内明显抬升,融资规模大幅萎缩,金融去杠杆对实体经济的影响已经开始显现。

（一）银行资产负债结构有所优化

一是银行总资产增长大幅放缓,部分银行缩表负增长。大型银行总资产增长从 17 年初的 10.5% 降至 6.8%；股份制银行增速大幅跳水,从 17.2% 跌至仅 3.4%；城市商业银行扩张增速从 24.5% 降至 12%；而农村商业银行增速也从 16.5% 降至 7.7%,中小银行增速呈断崖式下滑。但是,银行表内的存量"影子银行"资产收缩仍然缓慢。银行对非银行的净债权,主要衡量银行向非银金融机构（如理财、信托、券商等）购买的资管计划、理财产品、收益权、券商集合等,截至 2018 年 2 月,这一存量规模从 2017 年 3 月的最高 12.3 万亿仅下降到 10.88 万亿,降幅不到 1.5 万亿。

二是广义信贷增速显著回落且结构分化明显。受到 MPA 考核压力,银行整体广义信贷增速持续下降,其中股权及其他投资、债券投资增速下降最多。金融机构对低等级债券的认可度处于五年来的低谷。

三是同业去杠杆约束表内同业负债扩张。银银同业资产扩张增速连续 8 个月负增长,截止到 2018 年 1 月,跌幅进一步扩大至 –6.8%。同业存单市场规模扩张大幅放缓,2018 年 2 月底同业

存单余额 8.69 万亿元，同比增速从 2016 年底的 107.3% 下降到 2017 年底的 27.6%，进一步下降到 2018 年 2 月的 10.7%。

（二）资管多层嵌套问题有所化解

"（信托＋券商资管＋基金专户）/银行理财规模"比率已由 2017 年中的 176% 高点下降至 2018 年初的 159%。金融去杠杆要求资管嵌套不能超过 1 层，预计资管新规过渡期结束时，"（信托＋券商资管＋基金专户）/银行理财规模"比率将降至 130% 左右，降幅约 35%。

（三）实体经济融资成本明显升高

金融去杠杆导致银行资金成本上升，货币市场和债券市场融资成本也有所增加，正在进一步传导至信贷市场，企业融资贵问题有所加剧。

一是银行加权资金成本上升。由于低成本存款增量萎缩，高成本的同业存单和结构性存款成为银行该阶段主要融资方式。截至 2018 年 2 月，四大银行的结构性存款增速从负值攀升至 28%，中小银行的结构性存款增速已接近 45%。由于结构性存款成本较高，导致银行新增负债的成本显著提高。2018 年以来，商业银行主要负债的增量加权资金利率达到 3.5%，银行的负债成本压力显著上升。

二是货币市场利率显著抬升波动加大。各种金融去杠杆政策和措施目的是为了防范系统性金融风险，但客观上却推高了货币市场利率。银行间七天回购移动平均利率中枢不断上移，2016 年底开始显著上升，曾一度达到 2017 年底的 5.2% 的高点。2018 年后，流动性状况暂时有所改善后有所回落，但总体看货币市场利率水平还是比金融去杠杆前要高。

三是债券市场融资成本明显增加。截至 2018 年 4 月 13 日，10

年期国债收益率已从 2016 年的 2.87% 上升至 3.71%，10 年期国开债券收益率从 2016 年初的 3.18% 上行至 4.58%。

四是非标融资成本持续上升且未来资金供给面临更大压力。同业业务监管收严以及资管新规导致非标融资的资金供给压力明显增大。我国目前有近 30 万亿的非标存量资产和 2017 年近 4 万亿的新增非标融资，缺乏足够的长期资金，使得失去理财资金对接的非标融资资金来源渠道变得十分狭窄，地方融资平台、房地产等受到重点监管、现金流较差的行业的非标融资需求将在资金来源、融资通道等方面不断受到压缩，未来融资成本将持续上行。

五是信贷市场融资成本逐步升高且将进一步上升。2017 年底一般贷款加权利率为 5.8%，较 2016 年底上升 36bp，上升幅度不大。但值得注意的是，从历史上看，贷款利率的高点往往滞后于债券利率的高点。此外，尽管从数据上来看贷款利率上升幅度不大，但根据对多家大型银行和中小银行的调研反应，实际的线下贷款利率飙升，有些已经高达百分之十几。

（四）实体经济融资规模大幅萎缩

金融去杠杆和实体去杠杆正在同时发生，金融机构和实体间的信用创造活动正在趋于收缩，企业融资难问题有所加剧。

一是债券市场融资规模迅速减少。2017 年，债券市场净融资额 11.3 万亿，相比 2016 年减少了 31.4%，处于历史低位。2018 年截至 4 月 15 日，债券市场净融资额 8989 亿元，相比去 2017 年同期的 34884 亿元大幅萎缩。越来越多的企业推迟发债计划或取消发债，信用债融资甚至出现负增长。

二是社会融资规模开始大幅下滑且有可能进一步下降。2018 年以来，社会融资增速大幅下滑，存量增速由 2017 年 7 月底的 13.2% 下行到 2018 年 3 月的 10.5%。其中，信托贷款和委托贷款增速在 2018 年加速下跌，委托贷款增速从两位数下降到 1.43%，信托贷款增速从 36% 下降到了 29%。

三是当前企业部门（特别是政府融资平台）的流动性风险值得警惕。金融去杠杆导致总体流动性收紧，加重了金融机构对于违约风险的判断，对单位投放额度的回报要求大大提高，业务模式从此前的"以量补价"转变为了"以价补量"，此前不需犹豫的投资项目现在要仔细掂量，此前比较犹豫的项目现在则完全不考虑。金融机构的"惜贷"导致企业和地方政府等主体更难融到钱，融到的钱更贵。金融去杠杆的影响已经传递至实体层面，企业部门现金流进一步恶化，开工率进一步降低，企业面临的流动性风险陡升。

四是未来实体经济的压力可能反馈至金融机构的资产压力。实体去杠杆和金融去杠杆交互在一起，目前已经能够看到贷款的违约率在提高，银行的资产质量在下降。中小银行面临的资产质量下降的压力更大，而且中小银行的负债受到金融去杠杆的影响也更大，因此，中小银行的资产负债表压力明显上升。

五、结论和政策建议

2016 年底以来的金融去杠杆已经取得了积极成效，迅速推动了各类金融杠杆的回落，系统性金融风险在波动中有所下降。但应注意，强化金融监管及去杠杆的另一初衷应是促进资金脱虚向实，但节奏把握不好反而会加剧实体融资困难。因此，在去杠杆的同时，也要防范去杠杆所带来的伴生风险，还要关注基于金融市场规律和法律体系的监管长效机制建设，促使金融业进入更加稳健和高效的常态化发展轨道。

（一）处理好金融与实体关系，防风险与促改革有机结合

目前，金融去杠杆与实体去杠杆的交互作用已开始显现。实体

经济融资需求大幅萎缩，原来的资金主要需求方，地方政府、房地产企业和传统行业的企业都受到了严格的限制，传统行业的企业在去产能、去杠杆的各类措施推进下，也正在修正其过于庞大的资产负债表。在此背景下，金融去杠杆要注意：

一是金融去杠杆要与经济发展相适应。金融去杠杆除了"防控金融风险""确保不发生系统性金融风险"这一层目的之外，还有更深一层目的，就是以此推动非金融部门去杠杆，最终达到实体经济去杠杆。这就要求对杠杆率有更加理性、科学的认识，结合经济发展的背景，动态与静态相结合来做出判断。除了关注负债端，更需要关注资产端及结构。

二是金融去杠杆要与经济体制改革相配合。金融高杠杆的内因还在各项经济体制，因此，"去杠杆"也必须推进经济体制的综合变革。一方面，要加强政府和社会各界对经济下行、资产价格下跌的承受能力。另一方面，要加强对各微观经济主体的市场化约束。

三是要统筹金融去杠杆和实体去杠杆。要在金融和实体经济去杠杆间寻求平衡点，统筹好宏观和微观主体，在宏观去杠杆的同时，在微观结构层面、不同主体间调整杠杆率。要加快推动经济结构改革、企业制度改革和资本市场发展，进一步加强微观主体的市场化融资约束，特别是国有企业和地方政府。

（二）协调好不同政策目标和工具，避免风险叠加效应

当前我国正面临复杂的国际国内环境，内源风险和外溢风险可能交替或同时出现，需协调好不同情境下的主要政策目标，提高监管政策、货币政策、财政政策的协调性，提升不同部门之间的配合度，实现有效防控风险、平衡有序去杠杆。

一要统筹好强监管与应对贸易战甚至金融战的政策准备，防止

内外风险叠加。截至目前，中美贸易争端已引发了股债汇商等大类金融资产市场波动风险。为此，必须在汇率、利率等政策方面做好应对储备，加强国内政策的配合，防止由于金融战导致的风险与金融去杠杆的风险叠加。

二要加强金融去杠杆过程中的流动性管理，避免流动风险与信用风险叠加。宏观审慎管理和严监管下，同业存单、债券回购和质押融资等短期批发融资滚动发行受压收缩，流动性风险有所暴露。在必要情况下，对具有系统重要性的金融机构注入资本金，降低金融机构的杠杆水平，缩短去杠杆化周期和降低处置成本，把握好去杠杆和维护流动性基本稳定的平衡，避免流动性风险与信用风险叠加。

三要提高去杠杆监管政策、货币政策、财政政策的协同效应，对冲金融去杠杆可能带来的负面影响。加强宏观审慎监管与货币政策的协调，为监管的具体落实和目标达成创造更多的空间，通过配合货币政策努力熨平强监管带来的波动。此外，在去杠杆条件下，更应将积极财政落到实处，加快税制改革以及中央与地方政府事权与支出责任划分改革的步伐，在地方层面建立有效的激励相容机制，让财政政策发挥宏观经济稳定器的作用。

四要提高不同部门的金融监管协调效率，实现平衡有序去杠杆。体制机制层面，要进一步完善金融监管部门的分工与协调机制，建立有效的金融信息搜集、分析与共享机制，包括各部门监管动态信息的主动披露与共享；顶层设计层面，统一规划不同金融领域的布局和发展，建立起必要的防火墙措施，做好不同金融业务领域之间风险传导的防控工作；政府协同方面，应加强政府部门间的沟通协作，加强部门联合监管。

（三）健全完善市场机制，确保政策发挥良好效果

防风险是金融工作的永恒主题，金融去杠杆不是一朝一夕的工作，是市场多方博弈的漫长过程。必须健全长效市场机制，继续推进利率市场化改革，顺畅监管政策和宏观调控政策的传导渠道，将金融杠杆率长期稳定在一个合理区间。

一是健全金融监管长效机制，防止杠杆率压降后反弹。打破地方保护主义、促进居民金融防范风险意识加强，破除不易引发系统性风险领域的"刚性兑付"，如部分地方城投公司的城投债、地方中小型银行等。进一步健全金融法律体系和监管制度框架，降低政策出台的不确定性，减少市场主体对监管行为的短期预期，促使金融业进入更加稳健和高效的常态化发展轨道。

二是完善金融市场利率传导，提升政策效果。完善金融市场利率传导机制，强化利率传导管理，提高利率在不同市场间传导的效率，减少金融市场分割，从而减少在不同金融市场间的套利加杠杆行为。

总之，杠杆其实是一个中性词，而非贬义词，杠杆撬动的东西才是关键。因此，金融去杠杆，并非全面否定金融杠杆的价值，而是要把无资本支撑、脱离金融监管、加深金融脆弱性的杠杆去掉。金融去杠杆是市场多方博弈的漫长过程。对于监管和宏观调控而言，短期看，要加强宏观审慎与微观审慎监管的结合，推动负债显性化和资产表内化；长期看，应通过长效机制的建设从根本上消除影子银行与监管套利的活动空间，并与经济体制改革相配合，强化微观经济主体的市场化融资约束。

（执笔人：曹玉瑾）

第十章　加快构建政务诚信评价体系

政务诚信就是各类政务行为主体在政务活动中的诚实状况和守信状况。评价政务诚信可以从信息真实度、政务公开度、决策参与度、清正廉洁度、法律遵从度、政策公平性、政策连续性稳定性、诺言兑现度、政务效率等 9 大维度展开。基于政务诚信建设的政策文件，设计了评价指标体系，落在 31 个具体指标上。政务诚信评价应坚持主体和信息来源多元化，建立定期评价和时点评价相结合的制度，并全面加强评价结果应用。下一步，应进一步建立健全政务失信记录，健全守信激励与失信惩戒机制，健全信用权益保护和信用修复机制，健全公开和全社会监督机制，加快建立完善政务诚信建设法规规范。

2014 年 6 月，国务院发布《社会信用体系建设规划纲要（2014—2020 年）》（国发〔2014〕21 号）（以下简称《纲要》）明确把政务诚信作为社会信用体系建设四大领域之首，要求政府坚持依法行政，加快建设政府守信践诺机制、公务员诚信管理和建设、发挥政府诚信建设的示范作用。2016 年 12 月，国务院发布《关于加强政务诚信建设的指导意见》（国发〔2016〕76 号）（以下简称《意见》）就加强政务诚信建设做了部署，要求加强政务诚信评价办法的制度建设。在此背景下，本章将紧紧围绕《纲要》和《意见》的要求，探讨政务诚信的内涵、一般性评价维度和评价指标体系、评价机制等问题，同时提出配套政策建议，为更好推进政务诚信评价工作提供支撑。

一、政务诚信的内涵

诚信的内涵较为广泛，从不同视角可以引申出多个含义，但从本源上讲大体包括两方面内涵。一是"诚"。"诚者，真实无妄之谓"（朱熹），就是诚实无欺，实事求是，不掩盖和歪曲事实真相，忠实于事物的真实存在，对外传递真实信息，而不是刻意欺瞒；二是"信"。信守诺言，说到做到，而不是出尔反尔、耍滑抵赖。这两方面内涵有一定区别，但同时意义相互贯通、相互依赖，"诚"是"信"的依据和根基，"信"是"诚"的外在体现。因而，从汉语语源来看，诚信作为一个统一的道德范畴，它的基本含义就是诚实守信。

国内一些学者从行为主体、行为规范、道德文化以及人民对政府的信任等视角对政务诚信内涵做出了界定，国外一些机构和学者更侧重从公共伦理及诚信制度体系建设角度来认识政务诚信。在这些研究基础上，本文认为，应从构建评价体系的目的出发，回归到诚信的内涵本源上来理解政务诚信。据此，所谓政务诚信，就是各类政务行为主体在政务活动中的诚实状况和守信状况。要准确理解这一内涵，应主要把握以下几点。

（一）政务行为主体

从狭义上讲，政务行为主体就是国家政权中的行政机关，即政府，包括中央政府和各级地方政府，因而国内外不少研究者将政务诚信等同于政府诚信。然而，我国国情特殊，政务行为主体范围也就更加广泛，应该从广义上来理解。政务行为主体实际上包括了党政机关以及各类涉及公共事务的单位，既包括组织，也包括归属组织的个体，可以将四大班子及相关单位都涵盖进去[①]。从评价的科学性角度审视，针对不同类型政务行为主体，所设计的具体评价体系也应有较大差异，从而突出不同主体的专门情况。[②]

（二）政务活动

就是政务行为主体在职责范围内的活动。这里的职责范围主要是基于共识形成的，既包括法律明确规定的，也包括约定俗成、惯例性质的。从原则上讲，在非政务性质活动中的诚信状况不应属于政务诚信范畴，但在我国国情背景下，"公"与"私"的界限在很多情况下难以区分，部分非政务活动背后对应的是政务行为身份标签，此时的非政务活动往往也带有一定的政务活动属性，其诚信状况也应视情况纳入政务诚信评价体系。如公务员在公众明确其身份的情况下，所发表的言论、所表现出的行为，在一定情况下应该归于政务诚信的评价范围。

（三）诚实状况

这是诚信本源内涵之一，政务诚信中的诚实，就是要在政务活动中实事求是，要按照规定程序公平公正公开地开展政务活动。现实中，在学历、财产等问题上造假欺骗、虚报政绩、暗箱操作、不当辟谣、掩盖过失等都是不诚实的表现，也正是政务失信的重要内容。

（四）守信状况

这也是诚信本源内涵的重要内容。关键要理解政务活动中要守哪些"信"，也就是约定。我国宪法规定，全国人民代表大会和地方各级人民代表大会都由民主选举产生，对人民负责，受人民监

---

① 《纲要》中政务诚信与司法公信是并列的两个内容，但从广义视角看，公检法部门及人员也属于政务行为的重要主体，也应该作为评价对象。

② 需要说明的是，本章主要研究一般性评价维度和指标体系，对政务行为主体不做进一步区分。各部门在应用本文评价维度和指标体系时应根据自身实际情况做出调整。

督。国家行政机关、监察机关、审判机关、检察机关都由人民代表大会产生，对它负责，受它监督。这就意味着人民拥有这些约定的主动权。与政务活动类似，政务活动中的约定既包括法律明确规定的，也包括惯例共识性质的，是一种广泛意义上的社会契约。[①] 在形式上，政策多变、朝令夕改，"新官不理旧账"、做出的承诺未能兑现等，都是政务失信的常见表现。同时，主观上不履行这些约定或者是客观上导致无法履约，尽管在评价结果的应用可能有所区别，但最终都是政务失信的重要表现。

总体上，从诚信本源上正确理解政务诚信的内涵是对其进行评价的第一步，由此内涵出发可逐步构建拓展政务诚信的评价体系。

二、政务诚信的评价维度

从政务诚信内涵出发，围绕政务诚信的相关政策文件要求，我们将从诚实状况和守信状况两大维度评价政务诚信状况。[②] 诚实状况和守信状况进一步划分为9大维度。

（一）诚实状况

政务行为主体在政务活动中的各类行为表现是否"诚实"体现在各个方面、各个环节上，我们从四个维度予以评价：信息真实度、政务公开度、决策参与度和清正廉洁度。

1. 信息真实度

政务活动中保持诚实首先就要求信息要真实，要使政务活动真

---

① 从广泛意义上讲，约定的内涵里实际上也包含了前述诚实的内容，遵守约定也意味着保持诚实状态。不过，二者在具体表现上有着明显差异，本文专门做出区分而不是放在遵守约定的统一框架下来理解。

② 政务诚信的评价也可由评价主体从结果出发做出主观评价，类似于对政府信任度、公信力，甚至于满意度的调查。我们认为，从政务诚信的内涵和相关政策文件要求出发，更能体现政务诚信的过程和内容。

正建立在客观、真实、可靠、有据的基础之上。这里的信息既包括内部使用的信息，更包括面向社会公布的信息；这里的真实度既衡量主观故意造成的虚假情况，也衡量由于客观原因造成的不真实情况，因为即使非主观故意也同样会带来不同程度的损害，进而影响政务诚信。

2. 政务公开度

政务诚信的诚实状况的第二个重要维度是政务公开情况。是否尊重事实、是否实事求是，公开程度高低是一个很好的衡量尺度。阳光是最好的防腐剂，政务公开有利于防止诸多"不诚实"的情况出现，在一定程度上，敢于公开本身就意味着诚实无假。《意见》明确提出，要推进阳光行政，坚持"以公开为常态，不公开为例外"原则，在保护国家信息安全、国家秘密、商业秘密和个人隐私的前提下，通过多种途径依法公开政务信息。

3. 决策参与度

决策是政务活动中至关重要的一环，也往往是最不透明的部分。《纲要》和《意见》都对完善决策机制和程序、提高决策透明度做了要求，各项决策中要广泛征求社会意见，拓宽公众参与渠道。我们认为，决策参与度是政务公开度的延伸，各主体参与决策的程度从更深层次上揭示了政务诚信的诚实状况。因而，决策参与度可作为衡量政务诚信的诚实状况的重要维度。

4. 清正廉洁度

政务诚信的诚实要求老老实实做人、清清白白做事，保持清正廉洁的良好形象。各种形式的腐败不仅是违法犯罪，更是损害政务诚信的最大杀手。《纲要》要求，树立政府公开、公平、清廉的诚信形象。《意见》提出，各级人民政府和公务员要清正廉洁，恪尽职守，敢于担当。无论是公务员个人还是政务机构，清正廉洁度都是诚实状况的重要表现，是必须考虑的评价维度。

（二）守信状况

守信状况主要从约定的几个重要内容出发进行评价，主要包括法律遵从度、政策公平性、政策连续性稳定性、诺言兑现度、政务效率等五个维度。

1. 法律遵从度

法律是最高形式的约定，也是基于底线的约定，政务诚信的守信状况首先就体现在政务活动是否依法开展上。《纲要》要求，坚持依法行政，将依法行政贯穿于决策、执行、监督和服务的全过程。《意见》要求，各级人民政府和公务员要始终坚持依法治国、依法行政，切实履行法定职责必须为、法无授权不可为的要求。因而，政务活动的法律遵从度是衡量守信状况的第一维度。

2. 政策公平性

公平是人们对政务行为主体的默认期许，也是约定的重要组成内容。政策公平性既包括政策本身的公平情况，也包括在执行政策过程中的公平情况。《纲要》提出，要积极营造公平竞争、统一高效的市场环境，不得施行地方保护主义措施，如滥用行政权力封锁市场、包庇纵容行政区域内社会主体的违法违规和失信行为等。《意见》要求，将公平正义作为政务诚信的基本准则，在行政管理和公共服务的各领域贯彻公平正义原则。可见，在政务活动中保障公平是守信的表现，实施损害公平的政策或者不公平地执行政策就是不守信的表现。

3. 政策连续性、稳定性

约定的性质决定了，一旦形成就不能擅自更改，可随意更改的就不能称其为约定。政务活动中制定出台政策就是约定形成的过程，而且是很严肃的约定，如果政策连续性、稳定性较差，人们的预期便不稳定，政策也很难真正得到落实。一段时间以来，各种形式的政策随意调整、朝令夕改、"新官不理旧账"的现象屡受诟病，严重影响了相关地方和部门的信誉和权威。因而，政策连续性、稳定性应作为评价守信状况的重要维度。

4. 诺言兑现度

在一定意义上，政务活动的过程实际上就是一个制定政策形成承诺，然后执行政策兑现承诺的过程。《纲要》提出，要严格履行政府向社会作出的承诺，把政务履约和守诺服务纳入政府绩效评价体系，把发展规划和政府工作报告关于经济社会发展目标落实情况以及为百姓办实事的践诺情况作为评价政府诚信水平的重要内容，推动各地区、各部门逐步建立健全政务和行政承诺考核制度。各级人民政府对依法作出的政策承诺和签订的各类合同要认真履约和兑现。《意见》提出，要建立健全守信践诺机制，准确记录并客观评价各级人民政府和公务员对职权范围内行政事项以及行政服务质量承诺、期限承诺和保障承诺的履行情况。各级人民政府在债务融资、政府采购、招标投标等市场交易领域应诚实守信，严格履行各项约定义务。诺言兑现情况是守信情况的最直接表现，是理所当然的评价维度。

5. 政务效率

政务效率直接影响政府诚信形象，当人们习惯了"门难进、脸难看、事难办"，或者"门好进、脸好看、事依然难办"，实际上也意味着政务形象已大大受损。《意见》将勤政高效作为基本原则，并具体提出：进一步优化行政流程，继续清理、削减和调整行政审批事项，推行网上服务、并联服务和服务质量公开承诺等措施，不断提高行政效率和水平。因而，政务活动保持高效率运转也是政务行为主体与社会公众的潜在约定内容之一，应作为守信状况的重要评价维度。

三、政务诚信评价的指标体系

指标体系是对评价维度的进一步细化，使其具有可操作性。我们主要依据实用性、有效性、开放性、简洁性等原则选择各评价维度的指标，构建政务诚信评价指标体系。

（一）指标选取原则

如何选取指标来更好反映前述评价维度？我们认为应遵循以下选取原则：

1. **实用性原则**。政务诚信评价是《意见》中明确要求的事项，是必须要开展的工作之一，如果构建的指标体系不可操作，本文将失去应用价值。因而，我们在构建指标体系时将实用性列为第一项原则。所选指标依赖的数据资料能够通过既有统计资料或者开展调查获得，指标要可量化，将尽可能多选定量指标，并通过合理方法将定性指标转化为定量指标。

2. **有效性原则**。政府诚信内涵丰富，涉及面广泛，从不同的角度看，政府诚信的表现形式各不相同。即使本文已经设定好评价维度，仍可以采用不同指标来刻画这一维度的情况，指标选取不当就可能偏离该评价维度的内涵以及政务诚信评价的本意。因此，所选指标将紧紧围绕《纲要》和《意见》相关要求，精准反映每一评价维度的内涵，真正反映政务诚信情况。

3. **开放性原则**。对于不同政务活动主体、基于不同评价目的，每一评价维度上的具体指标也应有所差异，从而增强针对性和精准性。本文依据上述一般性评价维度所构建的指标体系只是作为一个参考基准，在实际使用过程中可依据具体评价对象和评价目的做出相应调整，每一维度所选指标既力求反映评价维度内涵，又具有较高程度的开放性，可根据实际需求灵活调整。

4. 简洁性原则。 政务诚信内涵丰富，对应的指标体系也可以包罗万象，不少指标体系在构建时因力求完备的涵盖面而丧失了简洁性。实际上，不同指标之间存在各种各样的关联，不少信息重复、交叉的指标摆在一起只会加重某一方面的权重，而不能增添有效信息，甚至可能得出更有偏差的结论。因而，本章在上述评价维度框架下，力求简洁，尽可能的选择反映信息承载多、更具典型性、更恰当地反映各评价维度的内涵、特点和结构的指标。

（二）指标选择

按照上述指标选取原则，我们针对每一评价维度选择合适指标，并确定指标数据来源。

1. 诚实状况的指标选取

诚实状况共细分了四个评价维度，以下一一阐述。

信息真实度。 政务活动所涉及的信息主要包括财务信息、统计数据、政策文件、政务活动信息。其中，政策文件不存在真实度的问题；而财务信息一般由审计部门核查发现并记录下来；统计数据既包括内部虚报情况，也包括面向公众发布的情况，《统计法》也将虚报统计资料列为失信行为；政务活动信息的虚假问题在面向公众时更值得关注。为此，我们选用"审计部门发现弄虚作假问题条数""审计部门发现弄虚作假问题涉及金额""虚报统计资料被处理数量""公众政务信息真实度的评价"4 项指标予以衡量。

政务公开度。 政务公开包括主动公开的程度、基于申请公开的程度以及政务公开的质量，我们分别选用"官方网站建设和信息更新情况""实际公开信息占应公开信息的比重""对信息公开申请的平均响应时间""公开信息使用便利程度""公众对政务公开度的评价"5 项指标衡量。

决策参与度。政务活动的决策透明度主要反映在各主体参与政务决策过程的程度，我们选用"征询专家意见的决策事项比重""向社会公布听取意见的决策事项比重""公众对参与政务决策程度的评价"3 项指标予以衡量。

清正廉洁度。政务人员的清正廉洁程度主要体现在纪委、监察委和公检法等部门的记录中，并最终会反映在公众口碑上。为此，我们选用"政务人员被立案追责人数比重""政务人员被立案追责所涉金额""公众对政务人员清正廉洁度的评价"3 项指标予以衡量。

2. 守信状况的指标选取

守信状况共细分了五个评价维度，以下一一阐述。

法律遵从度。我们从是否有法律规范依据、是否按照法律规范依据执行以及未按法律依据执行所引发的后果三个角度进行评价。为此，我们选用"政务行为缺乏法律规范依据的比重""违法政务行为引发群体性事件或集体上访事件数量""公众对政务行为法律遵从度的评价"3 项指标予以衡量。

政策公平性。我们认为，在市场经济条件下，政策公平主要体现在维护公平市场竞争环境方面，并反映在行政管理和公共服务各领域贯彻公平正义原则的公众感受上。2016 年 6 月 14 日，国务院发布《关于在市场体系建设中建立公平竞争审查制度的意见》，为我们提供了判断政策公平性的依据。为此，我们选用"违反公平竞争审查标准的政策措施数量""公众对政策公平性对综合评价"2 项指标予以衡量。

政策连续性、稳定性。政策既要保持连续稳定，又应依据实际情况调整更新，在选择指标时应避免将本该更新却长期不更新的政策当作好的表现。我们认为，因官员更替导致政策变更是破坏政策连续性、稳定性的典型情况，并反映到公众对政策连续稳定性的评价上。为此，我们选用"官员更替引致的中长期规划非正常调整情况""官员更替前后与各方所签合法协议的持续执行情况""公众对政策连续稳定性的评价"3项指标予以衡量。

诺言兑现度。政务行为主体的承诺主要体现在发展规划、工作报告、与市场主体的协议、对社会公众的公开承诺等方面，并最终反映在公众总体评价上。为此，我们选用"发展规划和工作报告中目标完成比例""与市场主体签订合同履约情况""政务主体公开承诺事项的兑现比例""公众对诺言兑现度对评价"4项指标予以衡量。

政务效率。政务效率就是投入少而产出多，投入角度表现在行政费用上，产出方面除常规事项外，集中体现在落实人大、政协建议提案和处理群众信访案件的情况，并最终反映在公众的综合评价上。为此，我们选用"行政支出占财政收入的比重""办理和落实人大代表建议、政协委员提案的平均响应时间""信访案件平均处理时间""公众对政务效率的满意度"等4项指标予以衡量。

（三）指标体系构建

综上，我们构建了一般意义上的政务诚信评价指标体系，共分为四级指标，四级指标数量为31个。具体如表10-1所示。

表 10-1　政务诚信评价指标体系

一级指标	二级指标	三级指标	四级指标	数据来源
政务诚信	诚实状况	信息真实度	审计部门发现弄虚作假问题条数	审计部门
			审计部门发现弄虚作假问题涉及金额	审计部门
			虚报统计资料被处理数量	统计部门
			公众政务信息真实度的评价	问卷调查
		政务公开度	官方网站建设和信息更新情况	专家评价
			实际公开信息占应公开信息的比重	依据信息公开目录计算

续表

一级 指标	二级 指标	三级指标	四级指标	数据来源
政务 诚信	诚实 状况	政务公开度	对信息公开申请的平均响应时间	根据政务数据计算
			公开信息使用便利程度	问卷调查
			公众对政务公开度的评价	问卷调查
		决策参与度	征询专家意见的决策事项比重	根据政务数据计算
			向社会公布听取意见的决策事项比重	根据政务数据计算
			公众对参与政务决策程度的评价	问卷调查
		清正廉洁度	政务人员被立案追责人数比重	纪检部门
			政务人员被立案追责所涉金额	纪检部门
			公众对政务人员清正廉洁度的评价	问卷调查
	守约 状况	法律遵从度	政务行为缺乏法律规范依据的比重	根据政务数据计算
			违法政务行为引发群体性事件或集体 上访事件数量	根据政务数据计算
			公众对政务行为法律遵从度的评价	问卷调查
		政策公平性	违反公平竞争审查标准的政策措施数量	根据政务数据计算
			公众对政策公平性对综合评价	问卷调查
		政策连续 性、稳定性	官员更替引致的中长期规划非正常调 整情况	根据政务数据计算
			官员更替前后与各方所签合法协议的 持续执行情况	根据政务数据计算
			公众对政策连续稳定性的评价	问卷调查
		诺言兑现度	发展规划和工作报告中目标完成比例	根据政务数据计算
			与市场主体签订合同履约情况	根据政务数据计算
			政务主体公开承诺事项的兑现比例	根据政务数据计算
			公众对诺言兑现度对评价	问卷调查
		政务效率	行政支出占财政收入的比重	统计年鉴或部门数据
			办理和落实人大代表建议、政协委员 提案的平均响应时间	根据政务数据计算
			信访案件平均处理时间	根据政务数据计算
			公众对政务效率的满意度	问卷调查

四、政务诚信的评价机制

开展政务诚信评价，除指标体系外，还需要一套评价机制。对此，本文提出如下建议。

（一）评价主体

《意见》提出要探索构建广泛有效的政务诚信监督体系，包括上级人民政府对下级人民政府的专项督导机制、横向政务诚信监督机制、社会监督和第三方机构评估机制。因而，政务诚信的评价主体应秉持多元化、开放性原则，鼓励政府、人大、政协、高校和科研院所、学会协会等多元主体开展政务诚信评价。从工作开展角度看，对中央及所属部门的政务诚信评价，建议由国家监察委员会组织实施；对地方层面的评价，建议由上级政府或地方监察机构负责组织实施。同时，逐步探索下级部门在评价上级部门及人员中的作用。具体实施方式不限，鼓励委托高校、科研院所、信用服务机构等专业机构实施。在评价实施过程中，要依照指标属性积极鼓励公众参与、积极应用大数据分析等前沿技术。

（二）信息来源

政务诚信评价信息应坚持多渠道来源原则。主要应包括：一是依托国家信用信息中心，整合全国信用信息共享平台和各地方信用信息共享平台的政务诚信信息。这是最主要的来源。二是被评价主体自身提供的基础信息和政务活动过程中的相关信息。三是法院、检察院、审计等机构掌握的违法犯罪信息，其中有关政务诚信的信息可作为评价依据。四是社会舆论中有关政务诚信的相关信息，经核实后可用作信息来源。五是社会公众对对政务失信行为的投诉举报信息，经核实后可作为评价参考。六是为政务诚信评价目的所开展的问卷调查、现场调研等活动中获取的信息，经甄别筛选后可作为评价依据。

（三）评价期限

从推进政务诚信建设的角度出发，应建立定期评估制度。建议以一年为基准开展政务诚信评价，可与年终总结、绩效考核等相结合。在一年基准期限的基础上，应视情况考虑机构调整、调离任等时点，有针对性地开展评价。各地区、各部门可根据自身实际情况调整评价期限，但应在定期评估制度框架下进行，防止随意确定和调整评估时点，或者以各种理由拖延。

（四）结果应用

政务诚信评价结果不可束之高阁，应有效利用起来。要建立政务诚信评价结果分级分类公开制度，依托信用中国网站逐步扩大向社会公众公开的力度和范围。要建立健全政务诚信评价结果应用机制，将其作为绩效考核的重要参考，作为评奖评优、干部提拔的重要参考，相关部门在改革试点、项目投资、社会管理等方面也要加大应用政务诚信评价结果的力度，真正将评价结果的应用渗透到政务工作的方方面面。

五、政务诚信评价的配套政策建议

要做好政务诚信评价，需要在多个方面完善制度、强化机制。相关配套建议如下。

（一）进一步建立健全政务失信记录

信用记录是开展评价的前提。要尽快将各级人民政府和公务员在履职过程中，因违法违规、失信违约被司法判决、行政处罚、纪律处分、问责处理等信息纳入政务失信记录。建立公务员诚信档案，依法依规将公务员个人有关事项报告、廉政记录、年度考核结果、相关违法违纪违约行为等信用信息纳入档案。各级社会信用体系建设牵头部门要积极负责政务失信记录的采集和公开，将多种来源的政务诚信信息甄别整理后，逐级归集至全国信用信息共享平台和各地方信用信息共享平台。

（二）健全守信激励与失信惩戒机制

在现有守信联合激励、失信联合惩戒备忘录制度基础上，加快建立基于政务诚信评价结果的联合激励和惩戒制度，扩展应用场景，丰富奖惩措施，加大奖惩力度。特别是对社会关注度高、人民群众反映强烈的政务失信易发多发领域，对公务员在行政过程中严重危害群众利益、有失公平公正、交易违约等行为，要建立专门工作机制进行重点治理。

（三）健全信用权益保护和信用修复机制

完善政务信用信息保护机制，按照法律法规规定采集各类政务行为主体的政务信用信息。建立健全异议、投诉制度，扩展公务员失信记录信用修复渠道和方式。建立自我纠错、主动自新的关爱机制。

（四）健全公开和全社会监督机制

制定政务失信公开制度，依托"信用中国"网站等依法依规逐步公开各类政务行为主体失信记录和相关评价结果。加强社会各方面对政务诚信行为、评价结果及其应用情况的监督，形成多方监督的信用约束体系。

（五）加快建立完善政务诚信法规规范

加快政务诚信建设法律法规建设，鼓励各地方、各领域探索建立适应地区特点的政务诚信管理制度，特别是制定更具针对性的政务诚信评价办法及奖惩办法。加快建设将行政过程中的政务诚信信息向政务诚信评价机构共享的机制，以不断强化政务诚信评价的专业化和精细化。

（执笔人：李清彬）

参考文献

1. 白春礼：《创造未来的科技发展新趋势》，《人民日报》2015年7月5日。

2. 白春礼：《把握新科技革命与产业革命机遇以创新驱动塑造引领型发展》，《时事报告》2017年第5期。

3. 陈体标：《经济结构变化和经济增长》，《经济学季刊》2007年第6卷第4期。

4. 杜传忠、刘英华：《制度创新是产业革命发生发展的关键》，《江淮论坛》2016年第6期。

5. 菲利普·阿吉翁、本杰明·琼斯、查尔斯·琼斯：《人工智能与经济增长》，《比较》2018年第2辑。

6. 何传启：《16世纪以来的科技革命与产业革命》，《科学与现代化》2013年第1期。

7. 何传启：《新科技革命引发新产业革命》，《人民日报》2015年7月5日。

8. 何传启：《新科技革命的预测和解析》，《科学通报》2017年第62卷第8期。

9. 黄群慧、贺俊等：《新工业革命：理论逻辑与战略视野》，社会科学文献出版社2016年版。

10. 黄先海、诸竹君：《新产业革命背景下中国产业升级的路径选择》,《国际经济评论》2015 年第 1 期。

11. 姜江:《对新产业革命内涵和特征的几点认识》,《中国经贸导刊》2013 年第 7 期。

12. 克劳斯·施瓦布:《第四次工业革命》(中译本),中信出版社 2017 年版。

13. 李佐军:《第三次大转型:新改革如何改变中国》,中信出版社 2014 年版。

14. 林毅夫:《新结构经济学——反思经济发展与政策的理论框》,北京大学出版社 2002 年版。

15. 罗伯特·戈登:《美国增长的起落》(中译本),中信出版社 2018 年版。

16. 麦肯锡:《展望 2025:决定未来经济的 12 大颠覆技术》,2016 年研究报告。

17. 美国陆军部:《2016—2045 新兴科技趋势》,2016 年研究报告。

18. 美国战略与国际研究中心:《国防 2045:为国防政策制定者评估未来的安全环境及影响》,2015 年研究报告。

19. 张其仔:《第四次工业革命与产业政策的转型》,《天津社会科学》2018 年第 1 期。

20. 财新智库、BBD:《中国数字经济指数》,2017 年 11 月版。

21. 蔡昉:《中国经济增长如何转向全要素生产率驱动型》,《中国社会科学》2013 年第 1 期。

22. 白重恩、阮志华编:《技术与新经济》,上海远东出版社 2010 年版。

23. 蔡跃洲、张钧南:《信息通信技术对中国经济增长的替代效应与渗透效应》,《经济研究》2015 年第 12 期。

24. 蔡跃洲：《数字经济增加值及贡献度测算：历史沿革、理论基础和方法框架》，《中国社会科学内部文稿》2017 年第 4 期。

25. 二十国集团：《二十国集团数字经济发展与合作倡议》，2016 年 G20 峰会。

26. 国家发展改革委：《我国在数字经济领域取得突出成就》，《中国经济导报》2017 年 10 月 14 日。

27. 何枭吟：《数字经济发展趋势及我国的战略抉择》，《现代经济探讨》2013 年第 3 期。

28. 华为、牛津经济研究院：《数字溢出》2017 年。

29. 江小涓：《高度联通社会中的资源重组与服务业增长》，《经济研究》2017 年第 3 期。

30. 荆林波、冯永晟：《信息通讯技术、生产率悖论与各国经济增长》，《经济学动态》2010 年第 6 期。

31. 李东：《数字化企业生态系统》，西门子股份公司内部报告。

32. 李长江：《关于数字经济内涵的初步探讨》，《电子政务》2017 年第 9 期。

33. 王宏伟：《信息产业与中国经济增长的实证分析》，《中国工业经济》2009 年第 11 期。

34. 新华三集团数字经济研究院：《中国城市数字经济指数白皮书（2017）》2017。

35. 杨新铭：《数字经济：传统经济深度转型的经济学逻辑》，《深圳大学学报（人文社会科学版）》2017 年第 4 期。

36. 钟春平、刘诚、勇坚：《中美比较视角下我国数字经济发展的对策建议》，《经济纵横》2017 年第 4 期。

37. 周宏仁：《做大做强数字经济　拓展经济发展新空间》，《时事报告：党委中心组学习》2017 年第 5 期。

38. 国务院:《国家中长期科学和技术发展规划纲要(2006—2020年)》,国务院网站。

39. 顾桐菲:《军民融合装备市场结构优化》,国防工业出版社2017年版。

40. 郭永辉:《国家战略背景下的军民融合理论研究》,中国财富出版社2017年版。

41. 武剑:《国防专利技术转移动力机制》,国防工业出版社2017年版。

42. 范建民:《开放式创新型军民两用核心技术整合机制研究》,科学出版社2017年版。

43. 游光荣、赵林榜:《军民科技融合发展理论与实践》,国防工业出版社2017年版。

44. 毕京京、肖冬松:《中国军民融合发展报告2016》,国防大学出版社2016年版。

45. 平洋:《装备采购制度改革与军用标准化发展》,国防工业出版社2015年版。

46. 董晓辉:《军民两用技术产业集群协同创新》,中国财富出版社2014年版。

47. 肖振华、吕彬、李晓松:《军民融合式武器装备科研生产体系构建与优化》,国防工业出版社2014年版。

48. 黄朝峰:《战略性新兴产业军民融合式发展研究》,国防工业出版社2014年版。

49. 李湘黔:《军民融合武器装备研发投资》,国防工业出版社2013年版。

50. 尹岩青、石根柱、李杏军:《新形势下国防科技成果转化体系研究》,《科学管理研究》2017年第3期,第37—40页。

51. 姜鲁鸣、曾立:《加快形成军民融合创新体系——学习贯彻习主席在十二届全国人大五次会议解放军代表团全体会议上重要讲话精神》,《解放军报》2017 年 3 月 24 日。

52. 赵耀辉:《军民融合发展战略规划问题探究》,《南京政治学院学报》2016 年第 5 期,第 46—49 页。

53. 成淼、田林涛、李曦:《系统优化环境推进国防科技成果转移转化》。

54. 冯媛:《军民融合战略下的国防知识产权制度研究:基于国内外比较分析》,《中国科技论坛》2016 年第 7 期,第 148—153 页。

55. 吕薇:《从体制机制入手构建军民融合国防科技创新体系》,《中国经济时报》2016 年 12 月 15 日。

56. 董晓辉、齐轶、张伟超:《创新驱动发展下军民两用技术成果转化特点及模式研究》,《科技进步与对策》2015 年第 11 期,第 135—139 页。

57. 徐辉、许嵩:《军民融合深度发展的科技协同创新体系研究》,《科技进步与对策》2015 年第 18 期,第 104—108 页。

58. 王祖强:《推进军民标准通用化工程促进标准化军民融合建设》,《船舶标准化与质量》2015 年第 6 期,第 2—4 页。

59. 徐辉等:《军民融合深度发展的科技协同创新体系研究》,《科技进步与对策》2015 年 9 月。

60. 吕薇:《关于推进军民融合的创新体系的建议》,《中国军转民》2015 年第 6 期,第 20—21 页。

61. 徐辉、许嵩:《军民融合深度发展的科技协同创新体系研究》,《科技进步与对策》2015 年第 18 期,第 104—108 页。

62. 李仁义、潘广悦、贺芳、卞勇:《关于国防科技工业科技成果推广转化工作的思考》,《军民两用技术与产品》2014 年第 1—2、93—95 页。

63. 丁峰、魏兰：《推进军民融合的十项措施》，《军民两用技术与产品》2013 年第 11 期，第 15—16 页。

64. 吴明曦：《把军民两用技术及产业发展作为国家专项技术推进实施》，《军民融合发展论文集》2013 年第 5 期，第 82 页。

65. 江燕：《军民两用技术网络组织管理模式研究》，《中国军转民》2013 年第 12 期，第 54—57 页。

66. 舒绍干、李晓松、陈庆华：《影响武器装备采购市场有效竞争的障碍和对策分析》，《装备学院学报》2013 年第 24 期，第 45—48 页。

67. 姬鹏宏、郭艳红、汤文仙：《加快军民融合创新体系建设的对策研究》，《装备学院学报》2013 年第 24 期。

68. 王亚玲：《军民科技融合发展的制约因素及对策研究》，《西安交通大学学报（社会科学版）》2012 年第 4 期，第 57—62 页。

69. 平洋：《军民融合视角下国防工业标准开放战略研究》，《科技管理研究》2012 年第 23 期，第 147—170 页。

70. 翁沈军、史红兵、金钢：《高校敲入国防科技创新体系的思考》，《中国高校科技》2012 年第 8 期，第 30—31 页。

71. 郭韬、王姝濛、闫立飞：《军民两用技术成果推广机理及过程分析》，《科技进步与对策》2011 年第 12 期，第 1—2 页。

72. 钟灿涛、宗悦苑、李君：《高校科研活动实现军民融合的难点及对策分析》2011 年第 23 期，第 145—149 页。

73. 侯光明：《国防科技工业军民融合式发展研究》，科学出版社 2009 年版。

74. 熊飞：《军品市场的双重进入壁垒及其消解》，《区域经济与产业经济》2008 年第 20 期，第 19—20 页。

75. 胡红、员智凯：《基于民用科技资源的国防科技创新机制》，《中国科技论坛》2008 年第 5 期，第 45—48 页。

76. 李淑惠：《军民两用科研项目产业化问题研究——以陕西为例》，《西安财经学院学报》2007 年第 6 期，第 65—66 页。

77. 张仁开、孙长青：《王洪海我国国防科技创新体系建设的战略思考科技与经济》，2007 年第 6 期，第 22—24 页。

78. 旷毓君、李辉亿：《武器装备采办的竞争法则》，《国防科技》2006 第 1 期，第 80—82 页。

79. 张福元、刘沃野、崔丽：《基于国防工业市场形成有效竞争的政策思考》，《价值工程》2006 年第 25 期，第 18—19 页。

80. 游光荣：《加快建设军民融合的国家创新体系》，《首届中国科技政策与管理学术研讨会论文集》2004 年。

81. 任海平：《寓军于民统筹经济与国防建设的大趋势》，《科学决策》2004 年第 9 期，第 39—42 页。

82. 刘鹏：《武器装备竞争性采办研究——从价格角度对中国武器装备采办问题的实证分析》，国防科学技术大学 2003 年。

83. 旷毓君：《武器装备采办委托代理问题研究》，国防科技大学 2003 年版。

84. 尤宏兵、朱凌：《我国国防工业发展的环境分析与发展对策思考》，《经济师》2003 年第 2 期，第 65—66 页。

85. 张洪飚：《统筹规划狠抓落实把国防科技工业军民结合和民品发展提高到新水平——国防科工委张洪飚副主任在国防科技工业民品工作会议上作总结讲话》，《中国军转民》2001 年第 8 期，第 4—7 页。

86. 贾康：《建设创新型国家的财税政策与体制变革》，中国社会科学出版社 2011 年版。

87. 陈共:《财政学》,人民出版社 2015 年版。

88. 万莹:《税收经济学》,复旦大学出版社 2016 年版。

89. 许正中、张孝德:《税收经济学》,国家行政学院出版社 2005 年版。

90. 白景明、许文:《促进小微企业发展的税收政策研究》,《价格理论与实践》2016 年第 10 期。

91. 程郁、崔静静:《孵化器税收优惠政策的传导效应评估》,《科研管理》2016 年第 3 期。

92. 崔静静、程郁:《孵化器税收优惠政策对创新服务的激励效应》,《科学学研究》2016 年第 1 期。

93. 陈昱婧:《政府补贴对天使投资的作用分析》,《市场研究》2016 年第 4 期。

94. 陈燕娟:《天使投资领域税收优惠政策初探》,《时代金融》2016 年第 9 期。

95. 陈廉、林汉川、彭见琼:《促进小微企业发展的综合减税政策研究》,《理论导刊》2016 年第 6 期。

96. 成卉:《股权激励技术入股税收新政解读》,《中国税务》2016 年第 12 期。

97. 范锰杰、李璐:《构建促进我国现代服务业发展的税收政策体系》,《财会月刊》2016 年第 23 期。

98. 顾小波:《创业投资企业投资抵减税收的政策效应分析》,《天津经济》2017 年第 3 期。

99. 郭瑛:《浅析新折旧政策对企业的影响及对策》,《当代会计》2015 年第 9 期。

100. 侯东波、杨金亮:《创业创新可以享受哪些税收优惠政策》,《中国税务》2015 年第 11 期。

101. 黄萃、苏竣：《中国高新技术产业税收优惠政策文本量化研究》，《科研管理》2011 年第 10 期。

102. 李岩：《经济发展新常态下税收政策对技术创新的影响》，《科技智囊》2015 年第 10 期。

103. 李嘉明、乔天宝：《高新技术产业税收优惠政策的实证分析》，《技术经济》2010 年第 2 期。

104. 李丽青：《税收优惠政策对企业 R&D 投入的激励机理研究》，《科技进步与对策》2008 年第 2 期。

105. 李丽青：《企业 R&D 投入的动力及其模型研究》，《科学管理研究》2008 年第 4 期。

106. 刘国艳：《规范完善税收优惠政策的建议》，《中国经贸导刊》2015 年第 3 期。

107.《学》2007 年第 8 期。

108. 王海勇、赵亮：《股权奖励和转增股本分期缴纳个人所得税政策详解》，《中国税务》2016 年第 2 期。

109. 王海勇：《激励创业投资发展的所得税政策取向》，《税务研究》2015 年第 12 期。

110. 王中帆、侯赛英：《关于固定资产加速折旧政策的效应分析》，《国际税收》2016 年第 12 期。

111. 肖鹏、李燕：《所得税税收减免与企业研发支出关系的协整分析——基于全国 54 个国家级高新区的实证研究》，《财贸经济》2011 年第 10 期。

112. 夏杰长、尚铁力：《自主创新与税收政策：理论分析、实证研究与对策建议》，《税务研究》2006 年第 6 期。

113. 于洪、张洁：《促进科技创新的税收优惠政策研究》，《地方财政研究》2016 年第 5 期

114. 张柯贤：《支持小微企业发展的税收减负政策探讨》，《财经界》2017 年第 2 期。

115. 郝媛，全波：《世界级城市群目标下京津冀机场群发展策略》，《城市交通》2016 年第 14 期，第 67—71 页。

116. 卢昀伟：《京津冀"世界级城市群"的交通一体化与宜居建设》，《山西建筑》2016 年第 42 期，第 7—8 页。

117. 韩会东、刘碧含、朱乐：《基于外资企业属性的中国世界级城市群比较研究——以京津冀、长三角、珠三角为例》，《2017 中国城市规划年会论文集》2017 年。

118. 鑫文：《京津冀产业协同凸显比较优势打造世界级城市群》，《对接京津——时代特色战略航标论文集》2017 年。

119. 尹德挺、史毅：《人口分布、增长极与世界级城市群孵化——基于美国东北部城市群和京津冀城市群的比较》，《人口研究》2016 年第 40 期，第 87—98 页。

120. 石敏俊：《京津冀建设世界级城市群的现状、问题和方向》，《中共中央党校学报》2017 年第 4 期，第 49—55 页。

121. 陈秀山、李逸飞：《世界级城市群与中国的国家竞争力——关于京津冀一体化的战略思考》，《人民论坛·学术前沿》2015 年第 8 期，第 41—51 页。

122. 张军扩：《促进京津冀协同发展　打造世界级城市群》，《中国发展观察》2015 年第 9 期，第 8—10 页。

123. 王红茹：《京津冀——崛起中的世界级城市群》，《中国联合商报》2017 年 12 月第 11 期。

124. 肖金成、申现杰、马燕坤：《京津冀城市群与世界级城市群比较》，《中国经济报告》2017 年第 11 期，第 94—98 页。

125. 唐子来、李粲、肖扬等：《世界经济格局和世界城市体系的关联分析》,《城市规划学刊》2015 年第 1 期,第 1—9 页。

126. 欧向军、甄峰、秦永东等:《区域城市化水平综合测度及其理想动力分析——以江苏省为例》,《地理研究》2008 年第 27 期,第 993—1002 页。

127. 乔家君:《改进的熵值法在河南省可持续发展能力评估中的应用》,《资源科学》2004 年第 26 期,第 113—119 页。

128. 阮锦:《京津冀城市群空间演化研究》,《天津商业大学 2017 年论文集》。

129. 宋文新:《打造京津冀世界级城市群若干重大问题的思考》,《经济与管理》2015 年第 29 期,第 11—14 页。

130. 王利伟、冯长春:《转型期京津冀城市群空间扩展格局及其动力机制——基于夜间灯光数据方法》,《地理学报》2016 年第 71 期,第 2155—2169 页。

131. 邓力平、王智煊:《国际税收竞争模型构建评析》,《税务研究》2008 年第 12 期。

132. 罗增庆、赵雪:《国际税收竞争问题的理论分析》,《税务研究》2013 年第 7 期。

133. 李叶华:《国际税收竞争的理论分析及实证研究》,《中国经贸导刊》2015 年 1 月刊。

134. 彭骥鸣:《国际税收的理论与现实评述》,《国际税收》2010 年第 10 期。

135. 韩霖:《国际税收竞争的效应、策略分析:结合我国国情的研究》,经济科学出版社 2006 年版。

136. 陆军等:《税收竞争与区域城镇化》,商务印书馆 2011 年版。

137. 克里斯·爱德华兹、丹尼尔·米切尔:《全球税收革命:

税收竞争的兴起及其反对者》,中国发展出版社 2015 年版。

138.《世界税制现状与趋势》课题组:《世界税制现状与趋势(2016)》,中国税务出版社 2017 年版。

139. 杨圣明、张少龙:《有效扩大消费需求是转变我国经济发展方式的必由之路》,《消费日报》2015 年第 5 期。

140. 荆林波、王雪峰:《消费率决定理论模型及应用研究》,《经济学动态》2011 年第 11 期,第 71—79 页。

141. 曾令华:《理论最优消费率之我见》,《求索》1997 年第 6 期,第 30—31 页。

142. 尹世杰:《关于扩大消费促进经济发展的几个问题》,《消费经济》2009 年第 1 期,第 6—10 页。

143. 王子先:《世界各国消费率演变的趋势》,《比较及启示》《求是》2006 年第 2 期,第 56—58 页。

144. 马骏、纪敏:《新货币政策框架下的利率传导机制》,中国金融出版社 2016 年版。

145. 马勇、陈雨露:《宏观审慎政策的协调与搭配:基于中国的模拟分析》,《金融研究》2013 年第 8 期,第 57—69 页。

146. 廖岷、林学冠、寇宏:《中国宏观审慎监管工具和政策协调的有效性研究》,《金融监管研究》2014 年第 12 期,第 1—23 页。

147. 张健华、贾彦东:《宏观审慎政策的理论与实践进展》,《金融研究》2012 年第 1 期,第 20—35 页。

148. 张晓慧:《从中央银行政策框架的演变看构建宏观审慎性政策体系》,《中国金融》2010 年第 23 期,第 13—16 页。

149. 张晓慧:《宏观审慎政策在中国的探索》,《中国金融》2017 年第 11 期,第 23—25 页。

150. 周小川:《金融政策对金融危机的响应——宏观审慎政策

框架的形成背景、内在逻辑和主要内容》,《金融研究》2011 年第 1 期,第 1—14 页。

151. 王爱俭、王璟怡:《宏观审慎政策效应及其与货币政策关系研究》,《经济研究》2014 年第 4 期,第 17—31 页。

152. 盛雯雯:《双支柱政策协调的重要性》,《中国金融》2018 年第 12 期,第 36—37 页。

153. 盛雯雯:《货币政策与宏观审慎政策协调配合的研究评述》,《国际金融研究》2019 年第 4 期,第 24—34 页。

154. 崔宇清:《金融高杠杆业务模式、潜在风险与去杠杆路径研究》,《金融监管研究》2017 年第 7 期。

155. 管清友、张瑜、刘佳:《金融杠杆与系统性风险指标梳理》,《民生证券研究报告》2017 年 8 月 28 日。

156. 金融稳定理事会:《资产管理业务的结构脆弱性和应对政策研究》。

157. 娄飞鹏:《金融去杠杆视角的同业存单发展与监管分析》,《金融发展研究》2017 年第 7 期。

158. 娄飞鹏:《金融领域高杠杆的深层次成因与去杠杆建议》,《西南金融》2017 年第 6 期。

159. 任泽平、宋双杰:《金融杠杆的现状、模式与展望》,《方正证券研究报告》2017 年 6 月 18 日。

160. 伍戈、罗蔚:《金融去杠杆下的利率传导》,《金融市场研究》2017 年第 6 期。

161. 杨明秋:《发达国家金融系统的去杠杆化趋势及其影响》,《中央财经大学学报》2011 年第 2 期。

162. 钟伟、顾弦:《从金融危机看金融机构的去杠杆化及其风险》,《中国金融》2009 年第 2 期。

163. 陈潭:《政府信用失范与政府信用建设》,《社会主义研究》2004 年第 2 期。

164. 陈媛:《论反腐败的道德机制建设》,《上海师范大学学报:哲学社会科学版》2014 年第 2 期。

165. 高新民:《加强政务诚信是一项系统工程》,《学习时报》2011 年 10 月 17 日。

166. 姜作培:《和谐社会呼唤政务诚信》,《天府新论》2007 年第 4 期。

167. 李爱华、陈蕾:《地方政府诚信评价指标体系的构建》,《辽宁行政学院学报》2012 年第 6 期。

168. 涂永珍:《诚信文化视角下我国政务诚信建设的法理思考》,《征信》2012 年第 3 期。

169. 徐光超:《地方政府政务诚信评价指标体系的构建与完善》,《河南农业》2013 年第 20 期。

170. 杨立新、李倩:《我国地方政府信用缺失的表现、原因及解决路径》,《党政干部学刊》2011 年第 12 期。

171. 杨秋菊、罗月领:《政府诚信的评价与建设》,《征信》2015 年第 12 期。

172. 杨秋菊:《国外政府诚信研究:现状与启示》,《上海行政学院学报》2015 年第 7 期。

173. 易承志:《以制度建设促进政务诚信建设》,《光明日报》2012 年 10 月 19 日。

174. 俞可平:《政务失信的根源及破解之道》,《学术前沿》2012 年第 13 期。

175. 袁刚:《政务诚信的关键在于"公开性"》,《同舟共进》2012 年第 1 期。

176. 张鹏、黄爱教:《政务诚信：政府的道德底线》,《理论月刊》2007 年第 11 期。

177. 张思浜:《政务诚信的评价指标及其实证研究——以苏州某区行政服务中心为例》,《苏州科技学院学报（社会科学）》2016 年第 6 期。

178. Acemoglu，D.and Guerrieri，V.，Capital Deepening and Non-balanced Economic Growth. Journal of Political Economy，NBER Working Paper No. 12475，2006.

179. Acemoglu，D.，Introduction to Modern Economic Growth. New Jersey：Princeton University Press，2009.

180. Aghion，P. and Howitt，P.，Growth and Cycles Through Creative Destruction. Mimeo，MIT，1988.

181. Aghion，P.and Howitt，P.，A Model of Growth Through Creative Destruction. Econometrica，Vol.60，No.2，1992.

182. Aghion，P.and Howitt，P.，The Economics of Growth. Cambridge，MA：MIT Press，2009.

183. Dennis，B.N. and İşcan T. B.，Engel Versus Baumol：Accounting for Structural Change Using Two Centuries of US Data. Explorations in Economic History，Vol.46，No.2，2009.

184. Gallman，E.R.，United States Capital Stock in the Nineteenth Century. In：Stanley Engerman and Robert Gallman（Eds.），Long-Term Factors in American Economic Growth. Studies in Income and Wealth，Vol.51，University of Chicago Press for NBER，Chicago，1986.

185. Herrendorf，B.，Rogerson R. and Akos V.，Growth and Structural Transformation.NBER Working Paper No.18996，2013.

186. Jones C., R & D-Based Models of Economic Growth. Journal of Political Economy, Vol.103, No.4, 1995.

187. Jorgenson, D.W., Gallop, F. and Fraumeni, B., Productivity and U.S. Economic Growth. Amsterdam, North-Holland, 1987.

188. Kongsamut, P., Rebelo, S. and Xie, D., Beyond Balanced Growth. Review of Economic Studies, Vol.68, No.4, 2001.

189. Kuznets, S., Modern Economic Growth : Rate, Structure, and Spread. New Haven, CT : Yale University Press, 1966.

190. Ngai, L.R.and Pissarides, C.A., Structural Change in AMulti-Sector Model of Growth.The American Economic Review, Vol.97, No.1, 2007.

191. OECD, The Next Production Revolution : Implications for Governments and Business. 2017.

192. Romer, P.M., Endogenous Technological Change.Journal of Political Economy, Vol.98, No.5, 1990.

193. Sokoloff, K.L., Productivity Growth in Manufacturing During Early Industrialization : Evidence from the American Northeast, 1820-1860. In : Engerman, S.L. and Gallman, R.E. (Eds.), Long-Term Factors in American Economic Growth. Studies in Income and Wealth, Vol.51, University of Chicago Press for NBER, Chicago, 1986.

194. Crafts N. Quantifying the Contribution of Technological Change to Economic Growth in Different Eras : A Review of the Evidence, London School of Economic History Department Working Paper No. 79, 2003.

195. Crafts N. Steam as a General Purpose Technology : A Growth Accounting Perspective, The Economic Journal, 2004, 114 (495): 338–351.

196. DeLong J. B. Sources of American and Prospects for World Economic Growth, in David Gruen, ed., The Australian Economy in the 1990s, Sydney : Reserve Bank of Australia, 2000.

197. European Commission, Monitoring the Digital Economy & Society 2016–2021, 2015.

198. Lucas R. E. On the mechanics of economic development. Journal of Monetary Economics, 1988, 22 (1): 3–42.

199. Mankiw N. G., Romer D., Weil D N. A. Contribution to the Empirics of Economic Growth. Quarterly Journal of Economics, 1990, 107 (2): 407–437.

200. McKinsey Global Institute, China's Digital Transformation : The Internet's Impact on Productivity and Growth, 2014.

201. OECD, OECD Digital Economy Outlook 2017.

202. Pew Research Center. Shared, Collaborative and On Demand: The New Digital Economy, 2016.

203. Rebelo S. Long–Run Policy Analysis and Long–Run Growth. Journal of Political Economy, 1991, 99 (3): 500–521.

204. Shapiro C. & H. Varian, A. Strategic Guide to the Network Economy, Harvard Business School Press, 1999.

205. UNCTAD, World Investment Report 2017.

206. World Bank Group. Digital Dividend, World Development Report 2016.

207. Claudio Agostini and Soraphol Tulayasathien, The Impact

of State Corporate Taxes on FDI Location, ILADES-Georgetown University Working Papers, Ilades-Georgetown University, Universidad Alberto Hurtado/School of Economics and Bussines.

208. P. Egger, H. Raff, Tax rate and tax base competition for foreign direct investment, International Tax & Public Finance, 2011, 22(5): 1-34.

209. Yan, J. , An Empirical Analysis to the Impact of Tax Incentives on FDI after WTO. Modern Eco-nomy, 7, 1264-1271. http: //dx.doi.org/10.4236/me.2016.711121.

210. Ong Tze San* and Wong Koh Cheng, Corporate Tax and Foreign Direct Investment inDeveloping Countries, Ong Tze San et al, Int.J.Buss.Mgt.Eco.Res., Vol 3 (1), 2012, 471-479.

211. P. Egger, H. Raff, Tax rate and tax base competition for foreign direct investment, International Tax & Public Finance, 2011, 22(5): 1-34.

212. Christian Bellak, Markus Leibrecht, Do low corporate income tax rates attract FDI?-Evidence from Central- and East European countries, Applied Economics, 2009, 41 (21): 2691-2703.

213. Flavio Cesar & Klimis Vogiatzoglou, "undated". "An ACE Model of International Tax Competition," EcoMod2007 23900015, EcoMod.

214. Baldwin, R. E. and P. Krugman (2004). Agglomeration, integration and tax harmonization, European Economic Review 48, 1-23.

215. Cerutti E., Claessens S., Laeven L. 2017. The use and

effectiveness of macroprudential policies : New evidence. Journal of Financial Stability, 2017, 15（61）.

216. Hannoun, H., "The expanding role of central banks since the crisis : what are the limits?" Speech by BIS Deputy General Manager at the 150th Anniversary of the Central Bank of the Russian Federation, Moscow, 18 June.

217. Lim C H, Ramchand R, Wang H, et al. 2013. Institutional Arrangements for Macroprudential Policy in Asia. IMF Working Papers, 2013, 13（165）: 1.

218. Nier, Erlend W., Jacek Osiński, Luis I. Jácome, and Pamela Madrid, 2011. Institutional Models for Macroprudential Policy [J]. IMF Staff Discussion Note 11/18 and Working Paper 11/250.

219. Nier E. W., Kang H. Monetary and Macroprudential Policies–Exploring Interactions. Bis Papers Chapters, 2016, 86.

220. Smets F., Financial Stability and Monetary Policy : How Closely Interlinked?. International Journal of Central Banking, 2014, 3（2）: 121–160.

221. Valencia, Fabian, 2011, "Monetary Policy, Bank Leverage, and Financial Stability," IMF Working Paper 11/244（Washington : International Monetary Fund）.

222. Adrian, T. and N. Boyarchenko, 2015, "Intermediary Leverage Cycles and Financial Stability," Federal Reserve BankofNew York Staff Reports, No. 567.

223. Arcand, J., E. Berkes and U. Panizza（2012）: "Too Much Finance?", IMF Working Paper 12/161.

224. Bouis, R. A., Christensen, and B. Coummde,

2013, "Deleveraging : Challenges, Progress and Policies", EconomicsDepartment Working Papers, No. 1077.

225. Cuerpo, C., I. Drumond, J. Lendvai, P. Pontuch and R. Raciborski, 2013, "Indebtedness, Deleveraging Dynamicsand Macroeconomic Adjustment", European Economy, Economic Papers, No. 477.

226. Lund, S., C. Roxburgh and T. Wimmer, 2010, "The Looming Deleveraging Challenge", McKinsey Quarterly, Working Paper.

227. Roxburgh, C., S. Lund, T. Wimmer, E. Amar, A. Charles, J. H. Kwek, R. Dobbs, and J. Manyika, 2011, "Debt and Deleveraging : The Global Credit Bubble And Its Economic Consequences", McKinsey Global Institute, Working Paper.

228. Christopher H., A Public Management for all Seasons [J]. Public Administration, 1991, 69 (1): 3–19.

229. Global Integrity Report 2011. https : //www.globalintegrity.org.

230. NIS indicators and Foundations. http : //www.transparency. org/whatwedo/nis.

231. OECD. Public Sector Integrity : A Framework for Assessment [J.] Source OECD Governance, Volume 2005, Number 31 : 1–359.

232. Towards a Sound Integrity Framework : Instruments, Processes, Structures and Conditions for Implementation [R]. May 2009 OECD Conference Centre, Paris, France.

责任编辑:高晓璐

图书在版编目(CIP)数据

新时代经济热点问题研究/国家发展和改革委员会经济研究所 著. —北京:
人民出版社,2020.3
ISBN 978-7-01-021625-6

Ⅰ.①新… Ⅱ.①国… Ⅲ.①中国经济-研究 Ⅳ.①F12

中国版本图书馆 CIP 数据核字(2020)第 000371 号

新时代经济热点问题研究
XINSHIDAI JINGJI REDIAN WENTI YANJIU

国家发展和改革委员会经济研究所　著

人民出版社 出版发行
(100706　北京市东城区隆福寺街 99 号)

环球东方(北京)印务有限公司印刷　新华书店经销

2020 年 3 月第 1 版　2020 年 3 月北京第 1 次印刷
开本:710 毫米×1000 毫米 1/16　印张:15.25
字数:251 千字

ISBN 978-7-01-021625-6　定价:49.00 元

邮购地址 100706　北京市东城区隆福寺街 99 号
人民东方图书销售中心　电话 (010)65250042　65289539